佐野元春

表紙&P002～003、012～013、016、027～029、034、036～037 撮影　本内大吉（NiceB）
P004～007、019～021、024、031 撮影&対話　山崎二郎

２０２０年、デビュー40周年を迎え、佐野元春&ザ・コヨーテバンドとして、全国コンサート・ツアーが組まれていたが、パンデミックに。が、立ち止まらず、この状況下で必要なポップ・ソングを書き、３枚のシングルをリリース。そして、２０２１年、今回、初めて語られたプロセスを経て〈日本武道館〉、〈大阪城ホール〉でのライヴが実現。２枚のシングルもリリース。２０２２年４月、それらのシングルを収めたニュー・アルバム『ENTERTAINMENT!』を発表し、全国コンサート・ツアーを敢行。そして、７月、間髪入れずにニュー・アルバムの『今、何処』をリリース。えてして、初期の疾走感溢れる20代の作品に未だにノスタル

ジーを抱きがちになるが、佐野元春は、今の楽曲が同じようにエッジィでカッコ良いという奇跡が起きている。それはライヴを観れば、直ぐに分かる。まさに挑戦し続ける大人が此処に在る。

２０２０年はハードな年だった。計画したものがほとんど、うまく実行できないという事態に直面したから。それでも僕は愉快な気持ちでいた

——パンデミックが起きた当初、アーティストの中には、なかなか創作に向かえなかったという状況がありました。佐野さんはどうでしたか？

佐野 緊急事態宣言が発令されてから程なくして、２０２０年4月に「この道」という曲をインターネットで公開した。これまでのスタイルでレコーディングができないということを受けて「だったら、リモート・レコーディングだ」と思い立ち、すぐにバンド・メンバーにアイデアを話した。

——すると、創作活動がパンデミックに阻害されることはなかったんですか？

佐野「こういう時こそ、僕たちアーティストはクリエイティヴィティを発揮し、イマジネーションを形にすべきだ」と思った。すぐに、「この道」を書き、「今、どんな音楽が必要なのか？　どんな音楽をみんなが聴きたがっているか？」という問いに早く答えを出したい気持ちになった。ところが、感染防止という観点からレコーディング・

スタジオが閉鎖していたので、通常のレコーディングができないという状況になった。「今できる最良のアクションはリモート・レコーディングだ」ってことをシェアすると、コヨーテバンドのメンバーはすぐに理解してくれた。僕がベーシック・トラックをメンバーに送ると、次々にダビングして自撮りした映像も添えて僕にデータを返してくれた。それをコンバイン、エディットして、僕がベーシック・リソースを送ってからわずか4日ほどで「この道」のミュージック・ヴィデオが完成した。ちなみに、僕が歌っているのは、僕のホーム・スタジオで、（愛犬の）ゾーイも横にいたので、「お前も参加しろ」と言って急遽ヴィデオを撮って（笑）。ただ、緊急時にリリースする、今の社会不安をテーマにした曲なので、この曲を売り物にするという発想は僕の中にはなかった。なので、「皆さん、聴いてくれて気に入ってくれたら、どんなに改変してもいいですよ」というスタンスで、ロイヤリティ・フリーの形でネットに公開した。もし僕がメジャーのレコード・カンパニーに帰属していたら、こうした身軽なアクションはできなかった。

―― 2001年に、大変な想いをして「光 - The Light」を発表されたことを思い起こしました。

佐野　2001年もあのアクシデントが起こってすぐにスタジオに入って「光〜」をレコーディングし、それをネット上に公開した。あの時もロイヤリティ・フリーで公開したけれど、当時の僕は、大手のレコード・レーベルに帰属していたので、多少軋轢があった。でも時代があの頃から変わり始めていて、今思うと、アーティストとリスナーの関係がアップデートされていく矢先の出来事だった。「この道」は好評で「この時期にこういう曲が聴けて良かった！」というリスナーからの率直な感想がネットに連なったので、「やって良かった」と思った。

―― 7月からは有料配信シリーズ『佐野元春40周年記念フィルムフェスティバル』がスタートし、10月には「合言葉 - Save It for a Sunny Day」がリリースされました。

佐野 フィルムフェスティバルには力を入れた。2020年はパンデミックの年として僕は位置付け、表立って活動できないなら何ができるか?を真剣に考え、実行した年だった。7月から毎月、未発表のコンテンツで6回にわたって有料配信をおこなった。当時を思い出すと、「コロナ禍でアーティスト活動がままならない状況なら、ネットで無観客ライヴを配信すればいい」と誰もが言いだし、僕自身も幾つかの配信ライヴを観たんだけれど、心が震えなかった。何か、「こういう状況下で仕方がないから、このスタイルでライヴをやっているんだよ」という事情や理由が先に立ってしまい、音楽や映像そのもののパワーを感じなかったんだ。音楽の楽しさやパワー、映像が持つパワーをきちんと発揮しなければ意味がないし、有料配信する以上はそれなりのクオリティ・コントロールが必要。そう思って、一気に6回分のコンテンツの企画を立て、その企画を〈ソニー・ミュージック〉にぶつけた。奇しくも〈ソニー・ミュージック〉はちょうど、配信ビジネスを立ち上げたタイミングだった。「2020年、コロナ禍という状況において、もしストリーミングをビジネスにするんだったら、クオリティ・コントロールが必要。そのために手を貸してくれ」と言って、〈ソニー・ミュージック〉と一緒に合同で開発したコンテンツが『佐野元春40周年記念フィルムフェスティバル』。

――そこから既に、〈ソニー・ミュージック〉とのリユニオンが始まっていたんですね。

佐野 そこからだ。リユニオンは非常に熱い形で帰結した。〈ソニー・ミュージック〉は音楽を作って売るだけじゃない。ライヴ、マーチャンダイズも制作し、ストリーミングもやる。権利をきちんと管理し、コーディングできる人材も社内にいて、音楽を純粋に愛している連中が会社を運営している。僕は音楽も映像もポエトリーもすべてがひと連なり、シームレスな表現物として捉えているので、まさに僕というアーティストの表現スタイルを理解してくれるレーベルと言えば〈ソニー・ミュージック〉だと実感した。で、僕の方から「音楽作品のみならず、

ストリーミングも含めた映像作品、つまり僕のすべての作品のディストリビューションを担当してくれないか？」と言ったら、ウェルカムしてくれた。これが、〈ソニー・ミュージック〉に戻ったストーリーだね。以降、映像と音源のストリーミング、僕のレーベルで作った原盤パッケージのすべての販売、ライヴ制作、（著作権管理に関しては）〈ソニー・ミュージック・パブリッシング〉との連携も決まり、アーティスト活動の全てが〈ソニー・ミュージック〉と連動する形になった。

――そうした中でデビュー40周年を迎え、２０２０年10月には、〈エピック・ソニー〉時代の作品をまとめた『MOTOHARU SANO GREATEST SONGS COLLECTION 1980–2004』と、〈DaisyMusic〉での作品をまとめた『THE ESSENTIAL TRACKS MOTOHARU SANO & THE COYOTE BAND 2005–2020』という2枚のベスト・アルバムをリリースされました。その後〈エピック・ソニー〉時代の音源をまとめたボックス・セットもリリースされ、大きな話題となりました。

佐野 2枚のベスト盤に29枚組のボックス・セットの制作と販売が実現したプロセスを経て、本当の意味で〈ソニー・ミュージック〉に戻ったという実感が湧いた。リユニオン以降は、ベスト盤やボックス・セットをきちんとファンたちに届けるにはどうしたらいいのかを、〈ソニー・ミュージック〉のスタッフたちと日々ディスカッションしていった。僕がアイデアを出し、彼らがそのリファレンスを試し、そうした試行錯誤の後に結実したのが2枚のベスト盤、ボックス・セットだ。

――2枚のベスト盤、ボックス・セットと、タロット・カードをモチーフにしたパッケージ・デザインで統一することで、40年間の音源がきちんと一列に繋がったことがヴィジュアル的にも一目瞭然でした。

佐野 僕がファンに届けたかったボックス・セットの最大の魅力は、テッド・ジェンセンのリマスタリングで、音質を全曲統一するということ。すごく予算のかかることで、なかなかできないけど、〈ソニー・ミュージック〉は音楽ファーストの会社で、僕が言っていることを理解してくれ、在籍した22年間のスタジオ・アルバムのすべてをアップデートした上でボックス化するというプロジェクトが実現した。

――40周年コンサート・ツアーが大きな規模で開催される予定でしたが、それができない状況になりました。

佐野 ２０２０年はハードな年だった。計画したものがほとんど実行できないという事態に直面したから。それでも僕は愉快な気持ちでいたよ。「だったら、これができるぜ」って。愉快と言ってもヘラヘラ笑っていた訳じゃないけれども、ファンとのリレーションをどう健全に保っていくかについて、どんどんアイデアが出てきた。それはバンド、僕のレーベルの制作チーム、〈ソニー・ミュージック〉のチームが充実して、プランを実行して作品にできるスタッフが揃ったから実現できたことなんだ。

――シングル曲「エンタテイメント！」はテレビでも演奏されましたけど、パンデミックが起きた後に書いた曲だと感じられた方が多かったです。

佐野『SONGS』（２０２０年10月〈ＮＨＫ総合〉にて放送）では「ニュー・エイジ」、「約束の橋」、「エンタテイメント！」をパフォームしたけど、「ニュー・エイジ」はどうしても歌いたかった。直近のツアーではハイライトで歌っていたし、ファンにもおなじみだと思うけど、収録された『ヴィジターズ』と言えば80年代前半のアルバム。それが今、このパンデミックという状況下で、新たなメッセージを放射することに気が付いた。まさにバンド・メンバーの理解力によるんだけど、コヨーテバンドによる「ニュー・エイジ」の演奏はすごく良かった。これをぜひ、ファンだけではなく、今の時代に生きているみんなに聴いてほしい。80年代、まだ僕が20代の若い頃に直感した未来への洞察は、必ずしもユートピア視点ではなく、ディストピア視点だった。でも当時は、ディストピアなんて言葉を使っても、誰も分かる時代じゃなかった。でもようやく、僕が問いかけたいことが分かってもらえる状況になった。

そのことを直感して、「ニュー・エイジ」を歌いたいと思った。

――放送を観て、この曲のリリックは、いつの時代のニュー・エイジにも刺さる言葉だと改めて感じました。

佐野 プラスしてあの楽曲は、ラップの様式とクラシックなロックの様式を絶妙にミックスされている。あんな楽曲を1984年に書いたことを自分でも奇跡だと思っている。だから、今も通用するのだろう。

――2021年11月に放映された『INVITATION』〈WOWOW〉でも、ナヴィゲーターの古舘伊知郎さんが『ヴィジターズ』の革新性に驚嘆されていましたが、革新的な作品は、それほどの時間を経て理解されることもあるのだと。

佐野 当時のニュー・キッズの何人かは『ヴィジターズ』の革命性、革新性に気付いてくれたけれども、多くの人たちが称賛してくれた訳ではなかった。それは僕自身も分かっていた。僕より先に生きた海外のポップ・アーティストやロック・アーティストたちがいくらでも同じような経験をしてきただろう。

――革新的なことをおこなうアーティストは、いつの時代も同じシチュエーションに遭遇するということですね。

佐野 本来、革新性と大衆性というのは相容れないものなんだけれど、偶然にも、アーティスト・パワーとか時の勢いで、一気に獲得するラッキーなバンドやアーティストがいる。かくいう僕もそうだったと思っている。何故なら『ヴィジターズ』はヒットしなかった訳じゃなくて、ナショナル・チャートでナンバーワンを獲っている。僕は常々言ってきた「そこにご機嫌な音楽があるなら、それをメインストリームでぶちかませ!」という持論がある。もしご機嫌なアイデアがあって、アンダーグラウンドで完結するだけなら、何も起こらない。分かっている人同士のクラブ活動で終わってしまう。真に革新的なアイデアがあるなら、それをメインストリームで炸裂させるということが、一番クールでカッコ良い。僕のロックンロールはそこにある。

――その佐野さんのデビューから40年後の新曲が「エンタテイメント!」なのが示唆的でした。

佐野 「エンタテイメント!」は本当にご機嫌なロックンロール。シンプルだけど的を射ている。僕たちコヨーテバンドの代表曲と言っていいぐらいな曲だ。しかも全国放送の〈NHK〉で披露されることによって「この曲、いいんじゃないか」という多くのリアクションも得られた。そうしたことが2タイトル連続リリースする新作に帰結していくはずだと思っている。

「俺たち、楽しいパーティーを続けるんだったら、みんなはチキン持ってくるの? それともワクチン打ってくるの?」みたいな感じ

――そして、2021年3月には〈日本武道館〉で『佐野元春 & THE COYOTE GRAND ROCKESTRA「ヤァ! 40年目の武道館」』が、4月には大阪〈大阪城ホール〉で『ヤァ! 40年目の城ホール』と、東西2ヶ所のビッグ・ホールでのライヴが開催されました。

佐野 開催にあたっては、コロナ禍におけるライヴ開催にはどんな感染予防が必要なのかというテーマに真摯に向き合い、とにかく感染防止を徹底的にした。その後、マスクの着用、会場の換気と、さまざまなルールができたけれど、そのアイデアの原型は僕が作って提案した。「こういう形の感染防止をすれば、コロナ禍でもコンサートが実現できる」というプランを詳細にまとめてね。そしてギリギリまで粘って、「これなら、ライヴが開催できるぞ」と最終的にジャッジしたのは僕自身だ。ここで、もしアウトだったら、僕はすごい借金を背負うことになった。でも、あくまでロジカルにプロセスを進めて、ある程度の行政からの保障も取り付けて、「だったら、大丈夫」となった。

リハーサルをするのに、バンド・メンバー、スタッフ全員にPCR検査をおこなってもらい、その結果を見てリハーサルをする、しないを決めた。「スタッフ全員、陰性でした！」というレポートが来た時は、思わず拍手をした。そんな、ドキュメンタリーになるくらいのドラマがあった。

――ライヴをやるか否かの最終ジャッジって、責任が生じて、大きい会社だとリスクを減らす方になりがちですが、アーティスト自身が責任者だからこそできたんですね。

佐野 そう。「やるぞ」と決まったら〈ソニー・ミュージック〉はすぐに新聞の一面広告の枠を取ってきてくれた。掲載はお正月だったと思うけど、いいきっかけになった。僕がピート・タウンゼントばりに、ステージでジャンプしている写真をフィーチュアして僕のやる気を表現し、さらに感染対策のマニュアルをきちんと掲載した。「コロナ禍という状況下でライヴ・エンタテイメントはいつまでも萎縮しているだけじゃなくて、やり様によってはライヴができるんだ！」という姿勢を見せたと思っている。

――ファンはもちろんですけど、エンタテイメントの世界で仕事している多くの人が「こういう工夫をすれば、ライヴができるんだ。また佐野が先陣切っている」と受け止められたかと。

佐野「勇気を持って、ひるむことなく進めるんだ」と思ってくれたら良かった。ただ、それが目的じゃない。とにかく、ロックンロールしたかったから。

――そして、素晴らしいパフォーマンスになりました。

佐野 自分勝手に聞こえるかもしれないけど、40周年というアニヴァーサリーに、とにかくファンと今までの宝物をシェアしたかったので、しっかり合理的な形でライヴを実現したかったんだ。

――MCで「ひょっとしたら、ライヴという形で歌うのは今回が最後かもしれない」という言葉がありました。

佐野 もちろん、その可能性も視野に入れていた。だから、ライヴが実現したのはファンたちが「ショーを楽しむには僕たちは何をすべきか?」というテーマに真摯に向き合って、意識を高く持って集まってくれたからだ。面倒くさいことにも関わらず、集まったオーディエンスはみんな、感染対策にしっかり協力してくれたし、その後、僕のライヴ会場からクラスターが生じるなんてことは一切なかった。世の中に必要不可欠なエンタテイメントとして、アーティストのライヴ活動はサステナブルでなければいけない。

——「誰でもライヴができて、誰もが楽しめる」っていう環境が継続することこそ大切だと。

佐野 そう。僕は教育的になったことは一切ないし、「俺たち、楽しいパーティーを続けるんだったら、みんなはチキン持ってくるの? それともワクチン打ってくるの?」みたいな感じ。〈大阪城ホール〉でのライヴが終わった後にまん延防止法が発令されたり、本当にパンデミックの嵐をかいくぐるかのようにビッグ・ホールでのライヴが実現し、事なきを得て、僕たちはサヴァイヴできた。あの頃を例えるなら、まるで悪い波に乗ってサーフィンしているような感じだった。ライヴが終わった瞬間、僕は心底ほっとした。デビューしてから今まで40年。いろんなステージに上がってきてさまざまな景色を見てきたけれども、2つのライヴを終えて感じたのは、とにかくショーが素晴らしかったということ。たった1回のショーに賭けるバンドの集中力が半端じゃなかった。普通30ヶ所ぐらい、全国のあらゆるエリアを回った後に、ビッグ・ホールでの最終公演をおこなうのが通常のフロウなのに、大阪と東京のたった2回のビッグ・ホールでのライヴで、コヨーテバンドが素晴らしい演奏をした。ライヴ制作スタッフたちが、しっかり支えたことが成功の大きな要因だと思う。

——ステージ上のバンド・メンバーから、演奏できる喜びがすごく伝わってきました。

MG

佐野 今だから言うけれども、こんな思い出がある。〈日本武道館〉ライヴのアンコール後のスピーチも終わり、僕より先にバンド・メンバーから袖にはけていく。僕は最後に彼らに付いて行って、オーディエンスに「またね！」と手を振って愛想を振りまいている。その時に、どっと涙が溢れてきた。でもその涙は決してオーディエンスに見せてはいけないと思った。ステージ後方に大きいスクリーンがあったから、映されないように手で顔を覆い、さっとステージの袖に引っ込んだ。あの時、感極まったのは安心したのと、最後までサヴァイヴできたこと、他にも理由があるかもしれないけども、図らずも泣いたことは、言葉にならない感情が押し寄せてきたのだろう。スタッフは側にいてくれたが、楽屋にはしばらく戻らず、涙が収まるまでの間、舞台裏にある階段の下の方で心を落ち着けた。

――そんなことがあったんですか。

佐野 そこから楽屋に戻ると、スタッフ、バンド・メンバーたち、みんなが祝福してくれて、乾杯した。

――楽屋裏のテーブルにバースディ・ケーキが用意されていました。

佐野 すっかり忘れていたけれども、あの日は僕の誕生日でもあった。40周年で、パンデミック下の緊急ライヴ、しかもワンナイト・オンリーという状況。まるで、カジノでジャックポットを獲得したような感じ。

――ＰＣＲ検査の結果次第では、ライヴが開催できるかどうか、当日になってやっと分かるという状況下で。

佐野 そう。まさにカジノでジャックポット（笑）。そうした様々なことを経験しつつ、再びレコーディング・スタジオに戻り、新たに何曲か書き上げていった。

――ライヴの後、ブレイクはしなかったんですか？

佐野 あれからずっと僕は活動を続けていた。２０２０年10月の「合言葉 - Save It for a Sunny Day」のリリースから、

6ヶ月ごとにシングルを出していこうと心に決めていたから。〈大阪城ホール〉ライヴからひと月経たないうちに、2021年4月「街空ハ高クハレテ – City Boy Blue」をリリースした。振り返ると、2020年リリースの「エンタテイメント!」がヒットしたことは大きかった。僕流の言い方をすれば、天からちょっと、金の粉が降りかかったって感じ。楽曲、パフォーマンス、演奏、ミックス、マスタリング、全体のフォルム、全てが理に適った形で、すっと立ち上がってきた。マスタリングが終わって完成した音源を聴いた時、「これはいける」と直感した。しかも、パンデミックが始まる前に書いた曲なのに、その後を予見していたかのようなリリック内容。こういうことはよくあって、「あ、また来たよ」みたいな感じだった。

——「街空ハ高ク晴レテ – City Boy Blue」はすごく革新的なポップ・ソング。サウンド・デザインは完璧。Aメロはポエトリー・リーディング的ですけど、自然に言葉が入ってくるんですよね。そこからサビに行くのは、佐野元春じゃないと書けないポップスです。

佐野 ソングライティングにおいて、僕はいつも、自然さを大事にしている。だからこそ、10代の女の子から、経験を積んだ大人たちの心にすっと入っていく。それは僕のスタイルで、実現するには工夫、センスが必要。格段優れていると言う訳ではないけれども、ここに来て、多くのファンから「これだね!」と言ってもらえる佐野元春のオリジナル・スタイルができている実感がある。

——初期と違って、今では、先に歌詞を書くソングライティングのスタイルであるという発言がありましたが、「街空ハ高ク晴レテ – City Boy Blue」も歌詞が先だったんですか?

佐野 そう。リリックとは別にギター・リフが頭の中で鳴っていた。「ギター・リフを活かした5月の連休に聴きたい曲を書こう」と僕は思った。だって、そんな曲はあまりなかったから。神田生まれの僕は、街で生まれて街で

育った。カッコ良い言い方をすれば、街で得るものもあったし、街で失くしたものもあった。でもこの街に暮らしていて何も頼りにできるものもないけれど、そんな中でタフにやってきたんだっていうメッセージを「City Boy Blue」という一言でカッコ付けて言えた。あの曲は楽しげに聴こえるかもしれないけど、そういう少年たちのブルースだ。そのセンスに共感してもらわなくてもいいけど、何かを感じてくれたらいいなという想いであの曲を出した。あえてシティ・ポップが流行している最中に（笑）。

――シティ・ポップって、「都市で育んできた中の感性で作る楽曲」というのが言葉本来の意味だと受け止めていましたので、合点がいきます。

佐野 この街で自分のスタンスを貫き通すのは、本当にタフな事。いろんな情報にあふれていて、大人たちのエゴや憎しみ、欲望のごった煮の中で、少年は、自分を見失わないように頑張って生きている。実際に、友達の何人かはその中で神経をやられたり、死んでしまった。だからこそ、そんな少年たちが共感してくれる音楽をずっと僕は書き続けているし、書いていきたかったし、大人になっても書いている。そういう少年がきっとこの街のどこかにいるはずだと思って。その彼に、彼女たちに届いてくれたらいいなということを夢見て、曲を書き続けている。僕自身がそういう音楽があったらいいなと思ってきたから。

――ニュー・アルバム『ENTERTAINMENT!』が4月にリリースされました。オフィシャル・サイトにアップされているワクチン接種済みのイメージ写真、かなりのインパクトがあります。

佐野 アートワークとして、ちょっと面白いと思ってね。ワクチン接種という、全世界が共通する体験は、なかなか今までなかった。コロナ禍自体は良くないことであるけれども、全世界的に人類が経験を同じくしたことを経て、アフター・パンデミックの世界でこの地球に暮らす僕たちの意識は必ず変わると思う。それを象徴するのがマス

クであり、ワクチンであると僕は思っている。

――２０１７年の『MANIJU』リリースのタイミングで「次作のために既にスタジオに入っていて、新曲をどんどんレコーディングしている」というアナウンスがありました。

佐野『MANIJU』のリリース後、僕のオリジナル・プランでは、最速で2年後の２０１９年には新譜をリリースするはずだった。ところが、当初考えていたアルバム・コンセプトに若干の迷いが生じて、少し時間をかけてフォーカスし直す必要があると判断したのが２０１９年。もう既に何曲かは録っていたけれど、それを集めても１枚のしっかりしたコンセプトのアルバムにはならなかった。そんなこんなしているうちに、パンデミックが始まり、コンサート・ツアーの開催には制限がかかるという状況になってしまった。

――２０２０年はデビュー40周年アニヴァーサリーという節目でもありました。

佐野 少なくとも２０１９年までに仕上げて、２０２０年の40周年のアニヴァーサリーには新作を出すと僕はアナウンスまでしていた。ところがパンデミックで暗雲が立ち込めて、活動がままならなくなったことや、それに伴って世の中が変化し、この時代に生きる人々の意識がパンデミックによって変わり「このタイミングで出す僕の新しい作品がどうあるべきか?」という問い直しが自分の中であったんだ。確かに２０１９年の末、２０２０年の初頭にはニュー・アルバムをリリースするに足る曲数のレコーディングは終えていた。ところが図らずも、アルバム・コンセプト自体を再考することになって。コロナ禍以降に新しくできた曲があるし、ビジネス的にもライヴができないということであれば、新しい曲を作りレコーディングし、ファンのみんなに聞いてもらうというアクティヴィティこそ優先すべきだという判断があった。それでシングルのリリースの頻度を上げていった。

――当初、「次のアルバムは2枚組になるかもしれない」というアナウンスもありました。

佐野　40周年記念ライヴが終わった後、また、レコーディング・スタジオでの作業が活発になり、気が付いたらアルバム2枚分の曲があった。なので、2枚組として出したらいいのか？　それぞれをセパレートして出したらいいのか？　1枚にすべてを凝縮してリリースしたらいいのか？　など選択肢があって、ちょっと迷った。このパンデミックを生き抜いた僕たちがいて、しかも、それは世界的な共通体験である稀有な出来事。この時期に僕が懸命になって書いた曲が何曲かある。特にアルバム『ENTERTAINMENT!』には、コロナ禍に書き、リリースした曲が全部入っているから、すぐに出さなければ駄目だと思った。なので、4月に緊急リリースする形で、ダウンローディングでやると決めた。もう1枚の新作『今、何処』は7月に出るけれども、これが、佐野元春&ザ・コヨーテバンドの純粋な新作。収録曲のうちの「銀の月」はシングルでリリースされているとしても、14曲書き下ろしのニュー・アルバム。しかもコンセプチュアル・アルバムなだけに、これはきちんとパッケージで出したいと、アートワークも皆が楽しんでくれるような工夫をして準備をしている。7月のリリースが楽しみだ。

――アルバム『ENTERTAINMENT!』を聴いて、シングル曲が中核になっていますけど、僕的にはベスト・アルバム『No Damage（14のありふれたチャイム達）』を聴いたような感覚になりました。1つのトーンがあり、コンセプチュアルさも感じるところが。

佐野　5曲の既発曲のうち2曲はアルバム用にオルタネイト・ヴァージョンを入れて、さらに5曲の新曲をプラスした。それぞれの曲を書いたのは２０１９年、２０２０年。隣接した短い期間に書いた曲ばかりなので、やはりテーマとなると、「このパンデミックに生きている僕たち」となる。だからこそ、コンセプト・アルバムとしてうまくまとまった。このアルバムを経なければ、次の新作まで歩みを進められない。なので、このアルバム『ENTERTAINMENT!』のリリースは絶対必要で、これはファンの人たちと一緒に「このパンデミックを僕たち

生き残ったね、頑張ったね」と確認しつつ、「じゃあ、次に何処へ行こうか？」という問いへの答えがニュー・アルバム『今、何処』に集約されている。

――コンセプトはいつから湧き上がってきたのでしょうか？

佐野 今年の1月、2月。去年の末ぐらいから、ずっと考えてきた。

――『ENTERTAINMENT!』のようにシングル曲を集めるスタイルならまとめやすいですけど、この2022年にコンセプト・アルバムを出すに値する曲が揃ったということですね。

佐野 今、ダウンローディングで1曲買いが主流になっている中、アルバム1枚を聴いて、そこにある作品性を感じてもらうというリスニング・スタイルはなくなりつつある。けれど、僕は絶対にそのスタイルはなくなりはしないと思っている。

――サブスクから入った新しい世代はコンセプト・アルバムという概念すら知らないかもしれないですから。

佐野 なので、『今、何処』は、2022年における新たな意味を持ったコンセプト・アルバムとして届けたいと思っている。新しい世代の音楽ファン、ロック・ファンに楽しんでもらいたい。今言えるのは、それだね。

――3年間のレコーディングの末、完成した『今、何処』。仕上がりについていかがですか？

佐野 最高の仕上がりだ。バンド・メンバーはマスタリングが終わった音を聴いて「ヤバい」と言っている。おそらくコヨーテバンド結成以来、クリエイティヴのピークにあるアルバムだと思う。

――FMラジオ番組『CIAO 765』ご出演の際、『今、何処』を「PPC」と評されていましたが、どんな意味ですか？

佐野 POP（ポップ）、POLITICAL（ポリティカル）、CONCEPTUAL（コンセプチュアル）。その頭文字を取って「PPC」だ。POLITICAL（ポリティカル）と言っても体制を批判するような意味では

ないよ。もし、僕らの〝個〟が全体主義に巻き込まれたらどうなるんだろうという、そんなテーマだ。

――アイドル・ポップ全盛のいま、ロック・バンドの存在意義が問われていますがどう思いますか？

佐野 この時代にロック・バンドができることはささやかかもしれない。けれど、ロック・バンドにしかできないこともある。僕らはその価値を知っている。それを信じていい音を鳴らし続けるしかない。

――4月から開催された全国コンサート・ツアー『WHERE ARE YOU NOW』。新潟公演を観覧いたしました。バンドのグルーヴがさらに増していますが、佐野さん的にはどうでしょうか？

佐野 今、バンドが最高潮の状態にあるのか、ファンが僕らの良さに気付いてくれたかどちらかだ。どちらにしても今やっているツアーはすごいことになっている。

――「エデンの海」他、ライヴで聴きたい楽曲が並ぶ『今、何処』ですが、ライヴのご予定はございますか？

佐野 まだしっかりした予定はないけれど、ぜひやりたい。

――最後に。『今、何処』を手にする人たちに何かメッセージはありますか？

佐野 『今、何処』の1曲1曲は、言ってみれば大事な人に宛てたラヴ・ソングだ。僕らバンドと一緒に唄って、ダンスして、楽しんでほしい。世代を超えて聴いてくれたみんなが、平和でグルーヴィーな気分になってくれたら嬉しい。

――ありがとうございました。

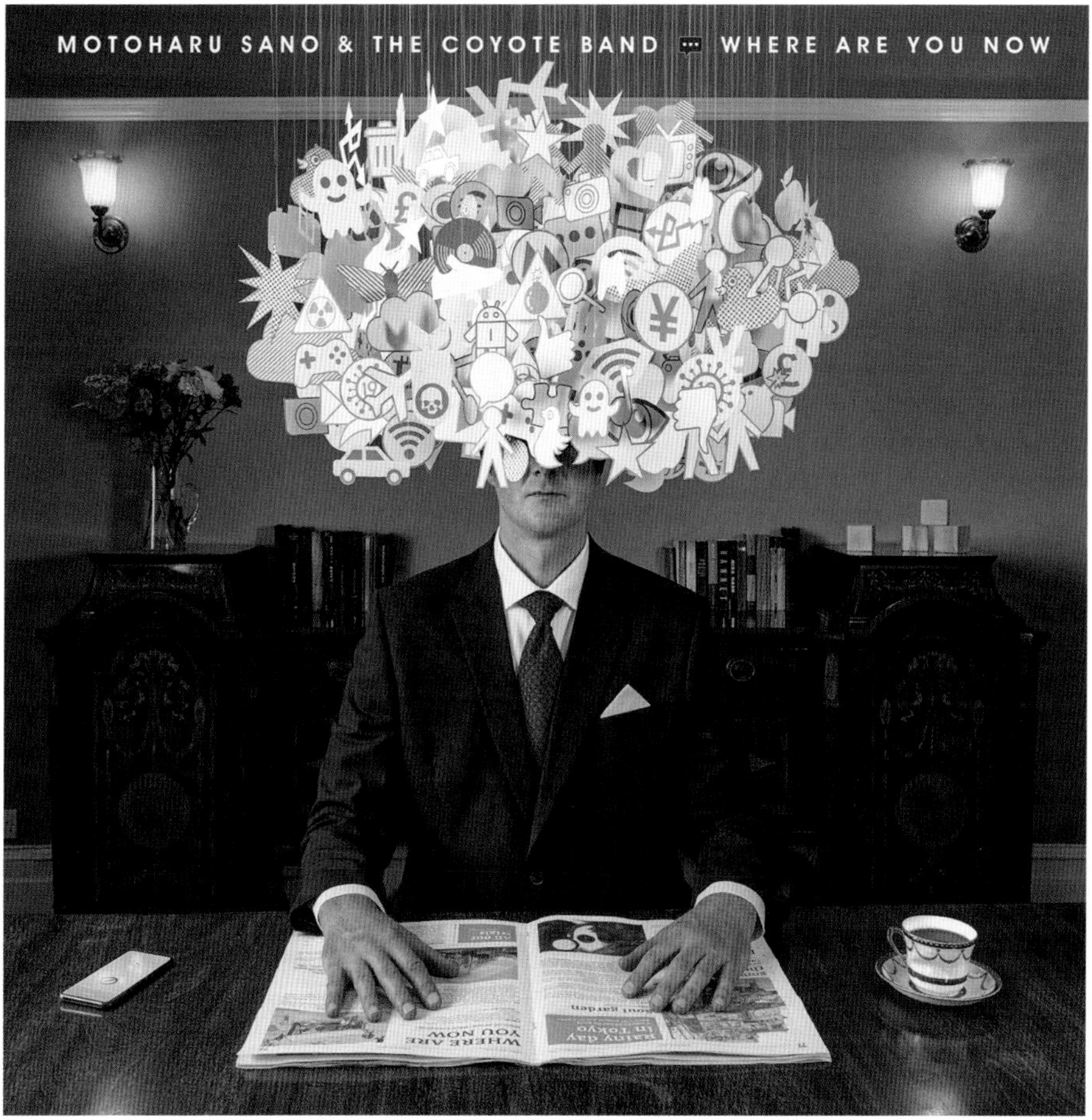

※画像は通常盤

『今、何処』
7月6日発売
〈DaisyMusic〉

初回限定盤は豪華特製シルバー・ボックス & 2CD+1DVD（詳細は以下）
CD1：『ENTERTAINMENT!』
（ストリーミングで先行配信しているアルバムのパッケージ盤）
CD2：『今、何処』（原題：Where Are You Now）
DVD：ミュージック・ヴィデオ全9曲収録、コヨーテバンド・インタヴュー
インナースリーブ：『ENTERTAINMENT!』、『今、何処』
それぞれに封入された歌詞、フォトブックレット
100P ブックレット：フォト、解説、レビューなどを収めた充実のアート・ブックレット
さらにアルバム未収録曲1曲が無料ダウンロードできるパス・キーを封入

東山紀之

撮影　Teruo Horikoshi（TRON management）　スタイリング　平尾俊
ヘア&メイクアップ　長野一浩（MARVEE）　文　岡田麻美
衣装協力／コムサ・メン（ファイブフォックスカスタマーサービス　tel.0120-114-563）

肉体を日々鍛錬する東山紀之と、激しいアクションが満載な作品。このぴったりな組み合わせに期待を裏切られるはずがない。〈Amazon Originalドラマ〉『GAME OF SPY』で東山が演じる羽柴は、国家存亡の危機を幾度となく回避させてきた諜報員。総理官邸に届いたテロ予告を受けて、チームの香月（小澤征悦）、レイ（ローレン・サイ）とテロ組織に対峙していく。東山は、自分を磨き続けて新しい表現を開拓してきても、まだまだ、経験を積んだ今だからこそ挑めることがあるという。人生を表現に捧げる人の生き様は凄まじい。その姿が作品に込められている。

肉体を酷使して魅せるというのは、人間のできる最高の芸術

――羽柴はスパイという緊張感のある特殊な仕事をしていますが、方向音痴だったりちょっと抜けていたりする部分もあって。東山さんはどういう男性だと思って演じましたか？

東山 そう、方向音痴なんだよね（笑）。台本に忠実に演じていても、どこか不思議なキャラクターでした。抜けているしあまり強いわけでもないけど、いざという時に突破する力がある。そこが魅力なのかなと思います。

――東山さんはストイックな印象ですが、ご自身では羽柴のようにどこか抜けていると思う瞬間はありますか？

東山 方向音痴だったり機械音痴だったりするのは、似ているところですね。生活する中で僕には重要なことではないので、それで悩むこともないんですけど……。だから自分が普通だと思っていても、別の人から見るとそんなに完璧でもないっていう感じはあると思います。仕事は一生懸命やるけど、自分が価値を見出せない他のものに関しては、あまり興味を持たないというか、そんなところは僕もありますね。

――東山さんの発案で、アクションは羽柴のキャラクターを生かしてちょっとチャーミングな感じにしたと伺っています。チャーミングなアクションというのは、例えばどういう動作になるのでしょうか？

東山 もちろん、アクションを付けてくれるプロの仕事は邪魔をしない程度にですけどね。羽柴は圧倒的に強いわけじゃないんですよ、なかなかボコボコにされますから（笑）。登場するシーンから殴られるし、最初に鼻血を出しちゃうくらいの感じでも良いんじゃないか？とお話しました。でもそれぐらいです、僕が言ったのは。とにかく、人として、任務に対して一生懸命なので、そういうものをアクションで表現したいとは思いました。一生懸命さから、人の心を動かすことのできるキャラクターになっていたらいいなと思います。

――現実では諜報機関の人と会うことはないと思うのですが、スパイの羽柴の役作りをするのに、スパイ映画や作品を観るなど、どういうところから役柄を探っていきましたか?

東山 そう、スパイは素性を隠しているからね(笑)。諜報員の仕事って、要は任務を着実に遂行するということだと思うんです。そう考えると、例えば出演している『刑事7人』もそうだし、どんな役でも同じなんですね。仕事を持っている人ならみんなそういう部分はあると思います。あと今作はアクションに重きを置いているから、同じようにアクションが見どころで参考になるスパイ映画はたくさんありますけど、それぞれの国で表現の仕方がちょっと違うなと思うんです。アメリカの作品はやっぱり興奮するよね。『ミッション:インポッシブル』なんてトム・クルーズさんがね、もういろんなものを飛び越えていくし。そこを今作では、日本独自の世界観で考えて、手裏剣や吹き矢を使っています。考えてみれば忍者ってスパイだからね、これは良い発想だなと僕も思いました。スパイは情報をどうやって得ているかが重要だけど、日本も負けてないっていうか、忍者は情報戦の中で任務を遂行している人たちですからね。観てくださる皆さんも新鮮じゃないかなと思います。

――トム・クルーズさんも撮影で激しいアクションを自らおこなっていますが、刺激を受けたりされますか?

東山 あのエンターテイメントに対する姿勢というのはすごいですよ。ビルからビルへと飛んで、骨折したりもするし。ジャッキー・チェンさんも真田広之さんもそうだけど、やっぱり肉体を酷使して魅せるというのは、人間のできる最高の芸術だと思います。それを皆さん、いくつになってもちゃんとやるっていうのが、最もすごいことです。もちろんスケールの大きい小さいはあるかもしれないけど、その中で僕自身もできることはあるだろうと思ってやってはいますよ。肉体で表現することは、できるうちにやっておきたいとは思うよね。

――羽柴のキャラクター紹介文を拝見すると、戦い方は無謀で、高いところや過酷な場所ほど好きという趣向性

ですが、東山さんご自身はちょっと人と違うなと思う趣向や傾向などはありますか？

東山 今回、初めてスカイツリー塔外での撮影許可がおりてアクションがありましたし、高い場所での撮影も多かったんですよ。それが嫌いでもないですし、うちの事務所で高いところが駄目だって言うと、ジャニーさんに怒られちゃいますから。舞台で、「ユー、あそこから飛んでみることってできない？」とかよく言われていました（笑）。今思うと、それがアクションの良い訓練にはなりましたよね。あとはそうね、大体もう、僕の存在が変態に近いからね。後輩にも呆れられているかもしれないけど、やっぱり誰もやったことがないことに、挑戦したくなってしまうんです。いつ何を言われても対応できる自分でいるために、日々準備をしているつもりだし、失敗した時はその時考えようねって思っているから、まず飛び込んでみようという気持ちでは常にいます。

――配信前に公開された宣伝用のヴィジュアルも、今作はインパクトが強いものでした。

東山 そうなんです。血のりって取るのも大変だし、顔もカピカピになるけど、顔に汚れを付けるとね、なんとなく燃えてきて自分もそれらしくなってくるんですよ（笑）。メイクをしてもらって役を作って、羽柴になっていく感じはありました。もっと不思議なメイクの役もやってみたいと思ったし、ゾンビ役も意外といけるんじゃないかな。ゾンビ役って体の使い方や動きが大事だから、ダンサーがやることが多いので、僕は適役ですよ（笑）。

――（笑）また、台本を読ませていただいた時に感じたのは、「正義のあり方」についてでした。もちろん羽柴にも矜持があるけど、対抗勢力の人たちも自分たちなりの正義を持っています。

東山 今の世の中も、まさにそうだね。何でも「正義」という言葉で済ませるのはどうなのか？と、僕も考えさせられました。でもやっぱり……客観的に見れば、間違っていることは分かると、僕は思うんだよね。そんなことも考えながら、正義のあり方を考える良い機会になったら良いなと思います。今だからこそ、作品を観ていろん

なことを感じるでしょうけど、僕らはエンターテインメントで表現して、何かを受け取っていただけたら嬉しいなと思います。

――及川拓郎監督とは『刑事7人』でご一緒されていて信頼も厚いと思いますが、世界中の方々が気軽に視聴できる〈Amazon Prime Video〉で配信される今作は、お2人にとって新しい挑戦でもあると思います。

東山 元々は監督が、ボロボロの僕を見たいと言ってくれて始まっているので、ある意味、監督含めチームの皆さんが新しいチャレンジをさせてくれた感じなんですよ。世界に配信されることは、今もうインターネットで世界中と繋がる時代だから、演者としてそんなに意識はしていないです。変わらずに目の前のことをきちんとやりたい。でもその結果、いろんな文化の人たちが観て、楽しんでくれたらいいよね。世界各国、様々な歴史もあるでしょうし、色々な表現があるし。そういうやり方もあるんだ、こういう武器もあるんだと、日本的な表現を面白がってほしいです。ちなみに僕、配信作品ではアン・ハサウェイが出演している『モダン・ラブ』が好きです、いろんな愛の形があって。どこでも気軽に観られるから、配信作品も楽しんで観ていますよ。

〈Amazon Original ドラマ〉『GAME OF SPY』
監督／及川拓郎
出演／東山紀之、小澤征悦、ローレン・サイ、松平 健、田中 泯、渡部篤郎、他
〈Amazon Prime Video〉にて、プライム会員向けに独占配信中

前田美波里

撮影　Tim Gallo　スタイリング　松田綾子（オフィス・ドゥーエ）
ヘア&メイクアップ　矢野トシコ（SASHU）　文　多田メラニー
ワンピース／DUEdeux　ピアス、リング／共に、ウノアエレ（ウノアエレジャパン）

２０１９年の日本初演から3年、ブロードウェイ・ミュージカルの傑作『ピピン』日本版が再び幕を開ける。前田美波里は、"人生の特別な意味"を探し求める主人公・ピピン（森崎ウィン）の歩みを手助けする、祖母のバーサ役を続投（中尾ミエとダブル・キャスト）。チャーミングでパワフル、何事にも囚われない自由な感覚と、心に決めたことを断行するバーサの在り方は、どこか前田から感じる生き様ともリンクする。彼女の場合、一本の芯として身体の中を通るものは間違いなく"舞台人"としての突き抜けた情熱とプライドだろう。キャリアに甘んじず、妥協を一切許さな

いストイックさで、今日も来るべき本番に向けて鍛錬を重ねる。前田美波里の人生は舞台と共に在る。

人に見てもらうのは当たり前だから、後ろを向いても舞台人として背中で何かを表現できていなければいけないわけです

前田 『ピピン』は、こんな時代だからこそ観てもらいたいです。戦争のことに対しても触れておりますし、ピピンのおばあちゃんであるバーサが言っているように「何事も経験してみないと分からない」のだとピピンが気付き、1人の人間として成長していく中で感じたものを、大変ユーモラスな方法で表現していますから。2019年の日本初演版を観てくださった方々は、みなさん「楽しみだ」と言ってくださって、公演の発表後からすぐにチケットを取ってくださっているみたいですが、こちらはちょっと不安よ（笑）。なにせ3年も経っていますからね。どんな風にバーサを演じていたかしら？と思い起こしているところです。

――バーサが歌う「No Time At All」は、例えば〈日々の中でくじけたり落ち込んだ時には　それこそはチャンス　思い切り　ぶちこわしてやり直す〉の歌詞からも見えるように、彼女の人物像が反映されていますよね。そこに美波里さんのポジティヴィティが加わることで、この曲の説得力が一層増すのではと感じます。

前田 そう受け取っていただけていたら嬉しいです。これまでたくさんの役をいろんな形で演じさせていただいたけれど、

バーサは特別というか、私にとっても良い役ですね。孫が一番褒めてくれますし(笑)。前回の『ピピン』を観てくれたのですが、私が出演した今までの舞台の中でも特に心に残ったようで、「うちのおばあちゃんはすごいんだ!」って尊敬されました(笑)。

――年齢と体力はイコールではないと分かっていても、アクロバティックなシーンも難なくこなされるバーサは、お孫さんに限らず誰もが尊敬すると思います(笑)。『ピピン』はアクロバット系のお稽古、お芝居のお稽古とそれぞれ1ヶ月ほど費やされるそうですが、美波里さんはヨガやピラティス、水泳など日頃から多くのトレーニングをされていらっしゃると伺ったので、そこにフィジカルを強化するメニューがプラス・アルファで入ってくるイメージでしょうか?

前田 ヨガとピラティスは飽きてしまって今はやっていないんです。普段はトレーニング・ジムの中でやれることはすべてやっているのですが……筋トレに近いものが主流になってきましたね。プールの中で筋トレをするスタイルだとか。負荷がかかって、鍛えるのにちょうどいいんですよ。あとはアクロバットをする時に、体の柔軟性が良くなるようにと、スタジオ内で非常に大変な運動量のメニューをおこなうクラスも受けています。さらにプラスするとなれば、なんでしょうね。少し腕を鍛えなければいけないので、また段々と太くなってくると思います。今は『Endless SHOCK -Eternal-』の公演中なので(取材時)、あまり太いと邪魔になってしまうのでね。役柄に合わせて調整をしています。

――ボディ・メイクに合わせてお食事も変えられるのですか?

前田 そうですね。タンパク質をメインにして、鶏肉や卵とかは欠かさないように。だけど普段からそうなので、あまり変わらないかもしれません。おやつも卵になるくらい(笑)。

――ご自宅には全身鏡などたくさんの鏡を置かれているそうですが、暮らしの中で筋肉やスタイルを常にチェックできる環境作りを徹底されていらっしゃるところからも、美波里さんの舞台人としての情熱や高い意識が窺えます。〈資生堂〉のCMでデビューされた当時を振り返ったインタヴューでは、「いきなり有名になってしまったことに戸惑いがあった」という言葉を拝見したのですが、そこから、華やかな世界に身を置くこと、役者、舞台人・前田美波里としての人生を受け入れはじめたのは、いつ頃からだったのでしょう？

前田 そうですね……〈資生堂〉のCMの頃はまだ、〝役者〟として出る自分の名前と、それに恥じないような演技や動きが伴わなかったと言いますか。有名人の方と結婚してしまったので、名前だけは非常に世の中に知られていましたし、CMで取り上げられたけれども、舞台人の私としてはまだまだといったところでしたので、ようやく、今くらいの年齢になってからです。「毎日舞台に立って役柄を演じる、こんなに楽しいことはないわ」と言えるようになったこともそうですし、お芝居をするのは、やっぱり大変な時もあるし、苦痛な時もあるし、普段の体調管理もきちっとできていなければいけない。若い頃はそういったことをあまり感じずにできてしまうけれど、この年齢になってくると、朝起きて「今日の体調はどうだろうな」と考えるところから始まる。それを常に良い方向にキープするのも大変ですし、覚悟が必要で。舞台人としてだけではなく、一人の人間として生きていくのが大変だっていうところもありますよね。

――そうしますと、見られる立場から一度距離を取ろうと考えられたことはなかったですか？

前田 CMのイメージから水着撮影を求められたり、映像が世の中に出てしまったことに拒否反応を起こした経験があるだけであって、私は舞台人ですから。人に見てもらうのは当たり前だから、後ろを向いても舞台人として背中で何かを表現できていなければいけないわけです。そのためのエクササイズ、そのための生き方は当然ずっとやり続けているので、苦ではないんですよ。なので、『Endless SHOCK 20th Anniversary』がコロナで中止になった時は本当に辛かった。公演中に1日休演日があって、そこを挟めばまた舞台に戻れると思っていたのに、「当分休みになります」と言われて。初めて舞台に立てない状況を前にした時に、「私って生きていていいのかしら？」と思ったし、同時に「こんなに舞台が好きだったんだ」と気が付きました。あの時は大きな試練でしたね。立てないことはこれほど辛いのかと。私は舞台に立ってなんぼ、舞台で表現できない限り普段の私なんて全然必要のない人だと思っているので。だからどんなに辛い時でも舞台に立ちたいし、お客様の1人ひとりがどういう気持ちで帰ってくださるかを考えながら、台詞に心を込めて演じ、歌で表現しようとしています。

――舞台観劇を生きがいにされている方もいらっしゃるでしょうし、きっと観客側も同じような想いを抱えていたのだろうなと思います。舞台って特別な空間ですよね。役者さんたちのパワーを受けて観客も応えていく、一種のコミュニケーションのようなものが生まれて。魂の交換じゃないですが。

前田 そう、その空間の中で同じ呼吸をしてね。そして作品を通して役者がメッセージを送り、お客様がどう受け取るのか。役者同士のキャッチボールとは違って目には見えないけれど、そこがたまらなく素晴らしいことで。

――今よりもっと世の中が閉塞感で溢れていた当時、私自身はジム・キャリーの『トゥルーマン・ショー』じゃないですが、何か大きな膜で覆われた作り物の世界に自分がいるのではないかと想像してしまうことがありました。悲観視しすぎて一歩を踏み出す力も出てこない。そういう時に背中を押してもらえるのは、やはり舞台だったり音楽などのエンターテインメントでした。だからこそ、排除されやすい分野でもあるのがとても残念で。

前田 平和じゃないと、私たちの仕事って排除されることが多いですよね。まさにコロナ禍で最初に苦労させられたのはそこでしたから、私も切実に感じました。2年あまりの自粛期間中はジムも営業していなかったので、よく1人で街中をウォーキングしていたのですが、道端に咲いている花が3ヶ月くらいの間にまるで違った顔を出してくれるし、自分の生きている場所に改めて目を向ける機会が増えました。案外それまで知らなかった場所や道があったりして、「今度はそちら側から回ってみようかな」と考えたり。もう一歩距離を広げることで、自分の世界を広げていく。こういうことも大切だなと思いました。それから、マスクを通してではあるけれども、青空の下で気持ち良く空気を吸えること。そうできる自分、そして生きることはなんて素敵なのだろうと感謝した日々でしたし、もっと幸せを感じられるのは、やはり舞台に立っている時の自分だと改めて感じました。だからこそ、作品を心待ちにされていたお客様たちの瞳を見ていると、「本当にこの方たちのおかげで私たちは生きているんだ。何かメッセージをお送りできたらいいな」という気持ちでいっぱいになります。

——そういった体験が美波里さんを支え、モチヴェーションにもなっているのでしょうか?

前田 そうですね。それに、1年間のスケジュールが決まるとそこに合わせて生活方針を定めるので、舞台にマイナスになるようなことはしません。睡眠のとり方、食事、今は特にそうですが、公演期間中は人と会わない。昔だったら「今夜ご飯を食べに行きましょうよ」と誘われて行くこともあったけれど、今は一切受けないですし、徹底し始めちゃいました(笑)。この年齢になったらそれくらいはしないと。そして「今日は疲れているな」と思っても、必ずジムに行ってトレーニングをします。疲れたからといってやめてしまうと筋肉も落ちてしまうんですよね。筋肉があるのはとても大切なことで、自分の足でずっと歩いていたいし、欠かさず鍛えておかないと役者としても生きられないというのかな。『ピピン』に限らず。でも『ピピン』のパフォーマンスはプラス・アルファで要求されるものがとても多いので、きちんと逆算して舞台に立つまでの日々を生きています(笑)。

——日々の鍛錬がいかに大切か身に染みます……。ピピンのように、人生の意義を求める人や迷っている人にメッセージを送るなら、どんなお言葉をかけられますか?

前田 自分自身が思ったことを挑戦し続けると共に努力もしなければ、答えは出ないと思います。待っていてもチャンスが来るわけではないので、自分で努力して、来たものをきちんと引き受ける。人生というのはいい方向ばかりにはいかない、厳しいものですよとお教えしたいですね(笑)。だけど努力は裏切らないし、その通りのことが結果としていつか必ず出てくるから、諦めないでほしいです。

——ちなみに、美波里さんは人生相談を受けることは多いですか？

前田 暗い人は必ず私に寄って来るの（笑）。それで色々と悩みを話されるのですけど、「ごちゃごちゃ考えるな、まずは体を動かせ！」といつも返すんですよ。ロクでもないことを悩むならば、まずは自分の肉体をいじめるほどに動くこと。そしてスカッとした時に、もう1回考えてみなさいと。そんなことを言うようにしていますね。

——「No Time At All」ですからね。

前田 それが私の若さの秘訣（笑）。〈ぐずぐずしている暇はないから〉と歌詞でも歌っていますが、まさに私自身がそうやって生きているのかもしれないです。いつも月日に逆らって生きているので、ふと気が付くと、「私っていくつだったっけ？　73歳？　4くらいだっけ？」となってしまう（笑）。年齢は全く考えたことがないです。だから一番困ってしまうのは、パーティなどに出席する時のスタイリング。マネージャーは私にものすごく着飾ってほしいんですよ、女優ですからね。でも私自身は、当日近くになってから「そういう場所に着ていく服を持っていなかったわ」と気が付くんです。ジーンズを履いてスポーティな格好をしているのが自分だと思っているから、その格好が一番向いているし、着飾るのもあまり好きじゃないのね。だからそういう時は、スタイリストさんが全部スタイリングしてくださるので助かっています。普段着ですらあまり自分で買いに行かないから、いつも「この服どうでしょう？　お似合いになると思いますよ」って持って来てくださいますし、今日もパンツとブラウスを見せてもらって。たまに、昔買った服を自分でスタイリングしてみることもあるけれど、「今はちょっと違うんですよ」とダメ出しされています（笑）。

ブロードウェイミュージカル『ピピン』
演出／ダイアン・パウルス
出演／森崎ウィン、クリスタル ケイ、今井清隆、霧矢大夢、愛加あゆ、岡田亮輔／中尾ミエ（ダブル・キャスト）、前田美波里（ダブル・キャスト）、他
8月30日〜9月19日まで〈東急シアターオーブ〉、9月23日〜9月27日まで〈オリックス劇場〉にて上演

吉田 羊

撮影　久富健太郎（SPUTNIK）　スタイリング　井阪恵（dynamic）
ヘア&メイクアップ　井手真紗子　対話　山崎二郎

ジャケット（121,000yen）、ブラウス（37,400yen）、パンツ（41,800yen）／以上、リュンヌ（ラトリエ・エム　tel.03-6805-1215）　サンダル（130,900yen）／ジミーチュウ（tel.0120-013-700）　イヤーカフ（19,800yen）、リング（24,200yen）／共に、ラミエ（tel.03-6303-4206）　※すべて税込

イギリスの若手劇作家、ルーシー・カークウッドによる新作戯曲として、２０２０年１月に〈ナショナル・シアター〉にて上演開始したものの、ロックダウンで中止となった話題作『ザ・ウェルキン』。加藤拓也による演出、吉田羊、大原櫻子の主演でここ日本で上演。１７５９年、イギリスの田舎町が舞台。75年に一度見られる彗星到来が話題の中、大原櫻子が演じるサリーは殺人罪で絞首刑を宣告されるが、サリーは妊娠を主張する。妊娠をしている罪人は死刑執行できないからだ。判決のため、妊娠経験のある12人の女性が陪審員として集められる。そこで重要な役割を演じるのが、吉田 羊が演じる

助産婦のエリザベス。「ひとり正義を貫く」といった、吉田のこれまでのイメージの役柄とは一風変わった複雑な背景を持つ主人公をどう演じるのか？　今年、俳優活動25周年を迎えた吉田に話を訊いた。

コロナ禍以前よりも、「リアクションができない代わりに、より多めに舞台に気を送ろう。制約がある中で舞台にしっかり向き合おう」というお客さまの気配は強く感じながら昨年は演じていました

——テレビ、映画、舞台と、多くの役者はそれぞれに対して違う感覚をお持ちですが、吉田さんの場合はいかがですか？

吉田 役への向き合い方はどのジャンルも同じなんですけど、映画やテレビ・ドラマなどの映像作品は、観客の視点を（カメラに合わせて）狭くフォーカスする分、よりリアルさが求められますから、美術や小道具、撮影現場のセットの雰囲気といった環境が助けになることが多いなと感じていますね。一方で舞台では、これは嘘であるという大前提の上に成り立っていて、役者はお客さまの前に実際に立っている上に、客席との物理的距離があるので、役の感情を身体に反映させながら、演技を大きく作る必要性を意識して演じています。

——役作りをおこなわない方もいたりする中で、吉田さんの場合、どのように役に取り組まれていますか？

吉田 準備ができる職業のキャラクターであれば、もちろん参考資料を読んだり、実技が必要であれば練習もします。でも、

多くの場合は現場でインスピレーションが湧くことが多いんですよね。あとはもうメイクと衣装で8割は役作りが終わっていると思っていて。なので、セットや小道具でイメージを高めつつ、あとは共演者の方からいただくインスピレーションも大切ですね。自分の頭の中だけで考えているものだけだと限界があるので、みんなのアイデアを持ち寄って現場で作ることが物作りの醍醐味だと感じていて。それが舞台の場合は、1ヶ月という時間をかけて作るものが多いので、役作りにしてもより深いところを目指せるのが魅力ですね。

——舞台はミュージシャンでいうところのライヴだと思うんですけども、お客さんの「気」であったりとか、日によっても違うリアクションが返ってくるのが魅力です。コロナ禍という状況下で観客にもさまざまな制限がある中で、演じる側にもやりづらさがあると思うんですけども、どのようにして以前と同じような感覚をキープされましたか？

吉田 コロナ禍になって以降、初めて舞台をやったのが昨年の『ジュリアス・シーザー』だったんですけど、その時に思ったのは、元々、（反応が）ないものと考えると、演者側の感覚も研ぎ澄まされて、お客さまがどのような姿勢で何を感じているのか舞台からも感じられるんですよね。なので、反応はなくとも、セリフをちゃんと聴いてくださっているなとか、声には出さないけれど、なんか笑ってくださっているなという感じで、不思議とお客さまのリアクションがリアルに分かるなと、昨年演ってみて思いました。コロナ禍以前よりも、「リアクションができない代わりに、より多めに舞台に気を送ろう。制約がある中で舞台にしっかり向き合おう」というお客さまの気配を強く感じながら昨年は演じていましたね。

——確かに今、舞台を観ていると、コロナ禍以前よりも集中している感覚があります。

吉田 そうですよね。心なしか、カーテン・コールの拍手もいつもよりも多めのような（笑）。

——今回出演される作品『ザ・ウェルキン』は2020年にイギリスで上演されて、かなりの反響だったと聞いています。脚本を読んだ際のファースト・インプレッションはどんな感じでしたか？

吉田　およそ250年前の話にも関わらず、国とか時代、性別を超えて、現代に生きる私たちも共感できる普遍的な物語という印象でしたね。キャラクターもそれぞれが本当に個性的で、どちらかというと曲者揃いですし、二転三転とする展開で最後まで飽きさせない魅力もあって。

――吉田さん演じるリジー（エリザベス）はすごい難役ですよね。「女優・吉田羊」のパブリック・イメージとして、これまで演じてこられた役柄もあって「正義」っていう印象が強くて。今回の役はいろんな背景、過去があって、内面も複雑ゆえに、この役をどう解釈されるのか、とても興味深いと思いました。

吉田　彼女の「真意」は歪です。そのため本音と建前が入り混じって、サリーを救いたいという正義ですら執念に見える時があります。私は今作に、「裁きは誰のためのものか」という問いを感じたのですが、リジーがサリーを救うことで本当に得たかったもの、それこそが彼女を駆り立てるものであり、彼女自身が求めていたものではないかなと。そして今のところ、「贖罪」という言葉を彼女の軸にして演じています。

――マン・ツー・マンの芝居と違って、群像劇だと多くの共演者の呼吸とか間がそれぞれあるので、難しいんじゃないか？と思いまして。ましてや、吉田さんはキャストの中心にいらっしゃるから、なおのことで。その点、慣れている感じはありますか？

吉田　やっぱり、難しいですよ。ヒロインのサリーも含めると13名の女性が一堂に会するシーンがあるのですが、13人の女性が集まって相手の言葉を待って順番に喋るなんてことは現実にはあり得ない訳で、絶対にかしましくなりますよね。舞台上のキャストが同時に喋るお芝居は今までやったことがないので、かなり緊張はしていますが、稽古でなんとか会得したいと思っています。

――本作の舞台である約250年前、1700年代のイギリスというシチュエーションで、こんなにも女性の立場が弱いというのは、「当時は」という認識で資料を読んでいたんですけど、途中で何か怒りを感じまして。200年以上経っているのに、現代でも変わらないところが多々あるなと。

吉田 現代の私たちがこのストーリーに共感できるということ自体が、やっぱり女性の社会的立場の向上がまだ途上にある証であるなとは思いました。女性は十月十日かけて命を育んで子供を産み育てる存在ですから、本来ならば命というものに近しい存在であると私は思うんですけれど、でもその女性たちが妊婦である被告の命綱を握っているという設定にもちょっとした皮肉を感じます。ただ、全体的にどこかシニカルな作りではありつつ、それでも何か、最終的に人間の良心を信じようとする作家の想いが感じられるんですよね。宗教観に因るところも大きいとは思いますが、暗い中にも救いを求める、願いを感じる物語だなと。そうした点も含め、男女問わず、何かを感じていただける作品なのではないかなと思いますね。

常に自分を更新していきたいし、まだ見ぬ自分に出会いたいと思い続けているので、新しい役を演る度に「下手だな」と思いますし、謙虚とかそういうことじゃなくて私の実感です

――今年はデビュー25周年ということでお尋ねしたいのですが、デビューしたての自分から「私は役者として、ちゃんと演技の道でやっていけますか?」と訊かれたらどうお答えになりますか?

吉田「自分だけは自分を諦めるな。根拠はなくていいから、『自分は何かになれる。自分はできる』と信じてあげなさい。出会う人や物事すべてに感謝をして、謙虚に生きなさい。なぜならば、あなたがこれから出会うすべての人たちがあなたを未来に連れて行ってくれるから焦らないで」と、あの頃の自分に言ってあげたいですね。

――感銘を受けるお答えです。吉田さんはデビューしてからブレイクするまでに時間がかかったこともあって、今の言

葉にすごく説得力を感じました。小劇場時代に「役者をもう辞めよう」と思ったことはありましたか？

吉田 当時、「私が役者をやらなくてもいいんじゃないか？　こんなに素敵な俳優さんがいるし」と思う体験はありました。共演者にすごく素敵な同年代の女性がいて、お芝居の上手さはもちろんのこと、何より彼女の人柄がとても素敵で、その人柄が役に滲んで、演じる役も一緒に素敵に見えるみたいな方で。「そうか、お芝居というのは、技術とか腕ではなくて、『人』なんだな」と、そこで初めて気付きました。27、28歳ですかね。そんな時にたまたま、別の劇団の方から、「この役は羊ちゃんにやってほしいんだよね」と声を掛けていただいて。「こんな私でも必要としてくださる方がいるんだな」と思いつつ、オファーをいただいた舞台に参加したら、とても楽しかったんですよね（笑）。それで、「これはもう少し続けてみよう」と思い直して。以降はことあるごとに「もう少しだけ続けてみよう」と思ってやり続けていたら、25周年になりました。

――良いお話です。役者の場合、スポーツ選手のような、体力の衰えゆえの引退はないじゃないですか。先輩の役者さんたちを見て「こういう感じになれたらいいな」とか、これからの自分像のイメージってありますか？

吉田 敬愛する先輩の俳優さんはたくさんいますが、こうはなれないと思う気持ちの方が強くって。何というか、人生経験も人間力も足りていないんです。もっといろんな出会いをして心を動かして、人生経験を積まなければと感じるんですよね。でも、経験を積んだところできっと、私は「今の自分では足りない」と思うんです。とはいえ、年齢を重ねて、その歳なりの私でいいと言ってくださる作品のオファーがあるのであればもちろん挑戦したいですし、その時に、年齢とか体調を言い訳にして躊躇してお断りするようなことだけはしたくありません。そのために、日頃から準備だけはしておきたいなと思っています。

――キャリアが浅い方であれば「自分はまだまだ」という感覚は十二分にあって然るべきだと思うんですけど。

吉田　キャリアが長いだけの俳優にはなりたくない、とはずっと思っています。常に自分を更新していきたいし、まだ見ぬ自分に出会いたいと思い続けているので、新しい役を演る度に「下手だな」と思いますし、謙虚とかじゃなくて私の実感です。

――若い時の自分を採点して「10」だとしたら、当然経験も技術も上がってきていると思いますが、ご自身としてはかつてと同様に「10」なんでしょうか？

吉田「12」ぐらいです（笑）。それはやっぱり、今まで出会って私にたくさんのインスピレーションを与えてくださった方々への感謝の「2」をプラスして「12」ですね。その時なりにやり切ったと思える作品はあるんですけど、まだまだ「これは自分の代表作になったな」と思える作品がないので数値は横ばい。振り返って過去の出演作を見返してみると、「もっとこうできたな。今だったらこうするな」という反省が出てくるんですよね。きっとこの先、どんな役をやっても、その気持ちは消えないと思っていて。毎回そうやって反省するからこそ挑戦もできるし、「前回の演技を超えたい。できなかったことを克服したい」という反省が課題になっていくので、そう思う限りは役者をやり続けるでしょうし、そう思わなくなった時が辞め時かなと思っています。けれど、せめて自分ぐらいは、「まだ伸びるよ」って思ってあげたいですよね。敬愛する先輩方は皆さん「どんなに準備しても不安だ」とおっしゃるので、私も同じように準備をやり過ぎることはないという気構えで演技に向き合っていきたいなと思いますね。今の時代やコロナのことも相まって、考えをシフトできる一作になるのではと思います。

シス・カンパニー公演『ザ・ウェルキン』
作／ルーシー・カークウッド
演出／加藤拓也
出演／吉田 羊、大原櫻子、長谷川稀世、梅沢昌代、那須佐代子、峯村リエ、明星真由美、那須 凜、西尾まり、豊田エリー、土井ケイト、富山えり子、恒松祐里、土屋佑壱、田村健太郎、他
7月7日から31日まで〈Bunkamura シアターコクーン〉、8月3日から7日まで〈森ノ宮ピロティホール〉にて上演

仲村トオル

撮影　HAYATO IKI　ヘア&メイクアップ　国府田圭
文　松坂愛
衣装協力／Yohji Yamamoto

白井晃による演出で本邦初演が決定した、現代イタリア劇作家のルイージ・ルナーリの代表作『住所まちがい』。物語の中心人物は、それぞれの理由で同じ場所に居合わせた社長、大尉、教授。その3人の誰もが「正しい」と信じてその場所にいたが、思わぬことから3人で一晩を過ごす羽目になり、次第に「正しい」が崩れ、自分自身の生存すら不確かな状態に――。その奇妙な状況の中で繰り広げられる会話劇からは、生と死、運命、宿命などの話題が飛び交い、やがてそれぞれが持つ本質や人生観が見えてくる。3人のうちの1人、社長を演じるのは仲村トオル。稽古前な分、「多くをイメージしないようにしている」ところだったが、現段階で本作に感じて

いること、そして仲村が持つ人生観も探った。

表に勲章のようなものを付けるのは気恥ずかしいから表には付けていないけど、時々、裏地を見せたくなるんです。風が吹かないかなって……

――今回の舞台は、何度かご一緒している白井さん演出です。その白井さんの演出の特徴というと？

仲村 自分が出演していない白井さんの作品を、いち観客として客席で観た時に〝哲学者が書いたとてもキレイな絵〟のような印象を持ちます。ご自身は〝美しさ〟を最優先に描いているわけではないと思うのですが、結果的に美しくなる。美しく言うと、そういう言い方もできます。自分が出演する作品で体感するのは「まだ言いますか」、「そこまで掘りますか」というぐらいの貪欲さ、ですね。ご本人がいらっしゃらないところで、白井晃の「あきら」は「あきらめない」の「あきら」と言っているのですが、そういうところも演出家として魅力的に感じますね。

――台本の完成前ですが、現段階では『住所まちがい』についてどんなイメージを持たれていますか？

仲村 お話をいただいた時に、立場が違う3人の男が「ここは、こういう場所だ」と、それぞれまったく違う主張をするという設定が面白そうだと思いました。社長、大尉、教授。それぞれの世界で良いポジションを得ているリーダー的な人たちが、「ここは俺の場所だ」、「いや、私の場所のはずだ」と主張し合う。この前まで別の舞台の公演中で、千穐楽を迎えるまで、この作品に意識を向けることができなくて。今、「現実の世界で起きていることと、少し似ているな」

などと考え始めたり感じ始めたりしているところです。

――作品の参考資料を拝見した時に思ったのが――極限状態にいるがゆえに、会話から3人の本質がすごく現れているということでした。

仲村 先日、宣伝写真や動画の撮影があって、白井さんと少し話をしました。その時に白井さんは、「極限状態」という言葉は使わなかったのですが、今、その言葉に近い状況下に身を置かれた人たちかもしれないと思いました。人は極限状態に置かれると、相手にこう思われたい、という欲望が赤裸々になるというか、本質がむき出しになるのかもしれない。もちろん、誰しも駄目な人間とは思われたくはない。この3人は社長、大尉、教授、と職種は違っても、人の上に立つようなポジションにいる時間が長いという共通点があって、それを知らない相手にどうやって知らしめてやろうか、と躍起になる。誰しも自分はこういう人間だと思われたいという願望というか欲望があると思いますが、3人には人に尊敬されたいという欲望も共通していて。そういう欲望が露わになってしまう瞬間に、その人の本質も見えてしまう。そういうことなのかもしれません。

――どう見られたいかという欲は、いつまでも消えることがなく、誰もが持っているものだと思いますか?

仲村 自分がこれまで読んだインタヴュー記事の中でも、相当昔に読んだのに、今でもかなり好き、の上位に入る記事があるんです。高齢のお坊さんのインタヴューだったのですが――「長年修行をしてきて、煩悩や欲求めいたものがほぼ自分の中に見当たらなくなってきた。けれど、いまだに『どこそこのお寺のご住職は立派な方ですね』と、自分以外のお坊さんが人に褒められているのを聞くと心がざわつく」と。「人間の最後に残る煩悩や欲望は、人に褒められたい、尊敬されたい、自分が立派な人間だということを分かってもらいたいという、その類いなのですかね」というようなことをおっしゃっていたんです。僕だけではないと思いますけど、子どもの頃、何かをやって褒められると嬉

しい、嬉しいから褒められたい、それでまた褒められたことと似たような何かをする、ということがあったと思うんです。そして、褒められないと残念に思う。どうやら年齢を重ねていっても、褒められたいという欲望は残る。だいぶ前ですが、「トオルさんは良い経験をいっぱいして、勲章をいくつも持っている。でもそれを服の裏地にしか付けていないのがいいなと思うんですよね」と言ってくれた僕より少し年下の俳優がいて。確かに僕は、表に勲章のようなものを付けるのは気恥ずかしくて、だから表には付けていないけれど、時々、裏地を見せたくなるんです。風が吹かないかなって……（笑）。

――あくまでさりげなく。

仲村 そうですね。その時も、「表に付けるのは、自己顕示欲を見せびらかすようでみっともない気がする。でも時々見せたいと思う時もあるよ」と話した記憶ですが。この『住所まちがい』の登場人物の中には、堂々と表に付けている人もいます。それこそ軍人は軍服に勲章を付けてこそですしね。社長も、自分がいかに優秀なビジネスマンか、いかに慕われているリーダーであるか、と主張をしたいと思っている節もあるのではないでしょうか。そう考えると、この作品は、人間が最初に持ってしまう、そして、最後まで消え去らない煩悩と欲望を持った人たちの話のようにも思えて。

――あと、資料を読んでいてすごく面白かったのが、偶然だとしてもそこに理由がないと人間は恐ろしくなる、というようなことが書かれていたところで。確かに偶然といくら言われようとも、何かそこに理由を探してしまう時ってあるなと思って。仲村さんご自身は、偶然と必然においてはどんな考えをお持ちですか？

仲村 大好物なジャンルの話です（笑）。中学生か高校生の時に作家の遠藤周作さんのエッセイを読んだんです。かなり前なので、細部は曖昧なところもあるのですが。遠藤周作さんは――旅行をする時はその街を舞台にした小説を持って行く。小説を読みながら「この交差点をこんな風に描写しているのか、自分だったらこう書くな」などと考えながら旅をするのが楽しい、と。そしてある時、敬愛する作家のグレアム・グリーンの小説を片手に街を散策してホテルに戻り、エレヴェーターに乗った。すると先客の紳士が「何階ですか」と聞いてくれ、答えた階のボタンを押してくれた。降りる時に礼を言おうと紳士の顔を見たら、それはグレアム・グリーン張本人だった――というようなことを書いていて。読んだ当時は、こんな偶然があるのか、と思った記憶ですが、その後、僕自身も似たような経験をまあまあするにつけ、段々と、これは偶然だ、と思うことがなくなってきたんです。

――例えば思い出されるエピソードというと?

仲村 例えば――『劒岳 点の記』という映画のロケが終わって、電車で帰京することになったんです。この映画で共演していた香川照之くんと僕は同い年で、同業者の中で最も仲が良いといってもいい友達なので、親しみを込めて呼び捨てにしますけど、「香川の隣の席なら、ずっと喋っていて読むどころではないだろうけど、隣同士じゃなかったら本でも読もう」と、富山の駅のホームで文庫本を買って。結局、その小説を読みながら帰ったのですが。数日後、その小説が映画化される、ということで、ある役のお話をいただいたら、「主演は香川照之さんの予定です」と。そして「あの映画、どうしようかな」と考えながら、別の打ち合わせの後、まさにこの舞台の稽古場がある〈キャロットタワー〉の地下駐車場にエレヴェーターで降りて。到着して扉が開くと、そこに香川が家族揃っていたんです。結局、2人ともその映画には出演しなかったのですが――そんな出来事がわりとあって。それこそ白井さんに初めて演出を受けた舞台は〈世田谷パブリックシアター〉の『偶然の音楽』というタイトルの作品ですけれど、白井さんと出会ったのも絶対に偶然じゃないと思っています。

――何事も必然というか。

仲村 オカルトや精神世界という言葉で括ってあると懐疑的になりますが、縁とか因縁とか、何かあるなと思うことはとても多いですね。

——必然性を感じる仲村さんご自身がその中でも特に、これは宿命だったなと思うような作品や人との出会いということ、真っ先にどんなことが浮かびますか？

仲村 むしろ、そうじゃないことの方が少ないのではないかと思うぐらいですけれど——最近では、『広島ジャンゴ2022』という舞台のカーテンコールで、真ん中に天海祐希さん、天海さんの右隣りに鈴木亮平くん、左隣りに僕が立って挨拶をしたんですけど。その舞台を、森田芳光監督（故人）のパートナーで森田監督の撮る映画のプロデューサーでもあった三沢和子さんという方が観にきてくださっていて。三沢さんは「森田組が3人並んでいる。この3人が今、この舞台のカーテンコールで並んでいるのを見るのはとても偶然とは思えない」というような感想をくださったんです。僕らの仕事の特殊なところでもありますが、集まっては別れ、を繰り返す。「この人と今、出会ったのはやはりこのタイミングしかなかったんだ」と思うことはたくさんあります。それは、アンテナを拡げたら俳優という仕事での出会いだけではないような気もしています。

——今回の作品は、3人のそれぞれの人生観が見えてくるような作品なので、どこか自分の人生観も今一度、考えられるようなところがあるのかなと想像しています。

仲村 稽古が始まる前なので、掘り下げるのはまだ早いぞと思いつつ、翻訳を読んでいる段階ですが——職業も三者三様で、3人の人生観もかなり違うと思います。社長はやはり会社の利益を求めなければいけないし、良い社長さんならば社員の幸福とかも考えるでしょうし。軍人は勝つか負けるかが最優先事項というか、命というものの重さに対する感覚も他の世界の人とは違うだろうと思います。職種によって人生観のようなものは大きく変わるのではないか、と。先ほど俳優は〝集まっては解散する〟と話ましたが、そういう職業柄だからこそその人生観が自分の中にはあると思います。僕が出会いについて、ほぼ偶然ではなく、必然と思うようになったのは、集合と解散を繰り返す職業、出会い

と別れが頻繁にある仕事に就いた結果でもあって、役や共演者、スタッフとの出会いを偶然で片付けたくないと感じるようになったのだと思います。

――いろんな選択肢がある中で必然と思えるものを選び取ってこられたところもあると思うのですが、選択する時は一番どんなことを大事にされていますか？

仲村 その時点でやりたいかやりたくないかの欲求に従うことを最優先にしてきたのかもしれません。心が真夏の状態だったのでキンキンに冷えたビールが飲みたいと思って飲んでしまいました、心が真冬の状態だったので熱燗を頼んでしまいました、というような感じです。社会的テーマがある作品やシリアスな内容、いわゆる真面目な人を演じた後は、ただただ笑える作品や荒唐無稽な設定の中で、意味のない台詞を言いたいと思ったり。そんな感じの作品や役に巡り会った後には、もうちょっと世の中のためになるような作品をやらないと、と思ったりで（笑）。トータルで言うと、経験や計算よりも、そういう欲望の方を優先させてきたんじゃないかな、と。

――偶然では片付けられないくらいに人や作品との出会いに縁を感じている仲村さんですが、こうして役者業を長く続けられている理由というのは今、どこにあるのだと感じていますか？

仲村 諦めが悪くて満足しないからかな。ここまでやったからもういい、と満足はしていないです。あとは時々ある楽しい瞬間や、お客様からご褒美をもらえたと思う瞬間があるから。ある意味、そういう瞬間の中毒なのかもしれません。

宣伝美術／近藤一弥　宣伝写真／二石友希

りゅーとぴあ×世田谷パブリックシアター
『住所まちがい』
原作／ルイージ・ルナーリ
上演台本・演出／白井 晃
出演／仲村トオル、田中哲司、渡辺いっけい、朝海ひかる
9月26日から10月9日まで〈世田谷パブリックシアター〉にて上演。国内4都市ツアー公演あり

坂本慎太郎

文　堂前茜

坂本慎太郎の4thアルバム『物語のように（Like A Fable）』には、肩の力をフッと抜けさせてくれる抜け感がある。前作『できれば愛を』収録の「鬼退治」にイヌやキジが出てきたりと、坂本作品は時に〝人間ではないもの〟が登場するが（1st『幻とのつきあい方』「幽霊の気分で」、2nd『ナマで踊ろう』「あなたもロボットになれる」）、今回は「ある日のこと」でタヌキの親子が出てくる。かねてよりイソップ物語のような普遍性とユーモアを彼の楽曲に感じていたが、本作を聴いて思ったのは、日常生活にある苦しさや悲しい気持ちがいつか物語となって語られる時、時に自身や誰かを励ますことになるかもしれない、ということだ。また、日々のあれこれを「物語のように」少し離れて眺めてみる、捉えてみる楽しさ、面白さもあるかもしれない。

このまま逃げ切ろうと思ってるんですけど（笑）。あと、しがらみみたいなものを作らないように、これ以上有名にならないように、逃げ回って今の環境を死守している、という感じです

――これまでのアルバムも、何なら曲名の時点で笑っちゃうくらいの面白さがあり、良い意味で曲によっては歌が強く響いたり、歌詞が耳に残ったり、やたらメロディが脳内でリピートされたりという部分がありました。だけど今回は、絶妙なバランスですべてが成り立っていて、聴いているうちに歌詞が歌詞として聴こえなくなってくるというか、一体感が凄いんですよね。「それが音楽じゃん」と言われればそれまでなんですが、いろんなバランスが極まったアルバムで、要は完成度の高さを感じたのですが、ご本人としてはいかがですか？

坂本 全体的に明るい感じにはしたいなと。あまり重くなく最後まで行きたいなと思ってたんですが、それが今までのアルバムの中では一番できたかなと。アルバム全体をどうしようというよりも、曲単位で、1曲ずつ「今聴きたい感じ」の曲を作っていき、それを10曲集めたみたいな。だけどまとまりができてよかったです。

――その前にシングルも出されていましたが、例えば「歴史をいじらないで」などはこのような時代だからこそ、やっぱりある程度の重みを持って歌詞が響いてきました。そのような重さがなくなったな、と。

坂本 そうですね。まぁ、シングルの方はなんとなく、コロナになっちゃった時の感じがそのまま出ているのかもしれないですね。

――コロナの期間を経てというか、現在もそうですが、今を生きるすべての人が経験したのは、「通常運転の難しさ」みたいなものだと思うんですね。だけどこのアルバムは、〝通常運転〟しているんですよね。重すぎず、軽すぎず、言ってみれば、明るすぎず（笑）。1つのミラクルに近いなって。

坂本 でもそれも、頑張ってそうなったというか。割と重くなりがちだったので。どういう歌詞にするか、音楽でどういうことを歌うか？ということがすごく難しくて、歌詞を書くのに時間がかかっちゃうんですけど、今回は最初から、抜けがいい感じの曲にしたかったので、歌詞も、あまりメソメソした感じとか、「なんだかなぁ」という感じが出ないように、抜けの良さは出したくて。そこに苦労しました、時間がかかりましたね。

――やはりその作業は楽なものではなかったと。

坂本 まぁ、なんでしょうね。思っていることをそのまま歌詞にしなくても良いと思うんですけど、かといって、自分で歌っている時、嘘っぽいなと感じちゃったり、必然性がないと思っちゃったりするのも、また違うじゃないですか。で、消去法でどんどん行くと、歌う内容があまりにも狭まってきて。何かそこを突破する道はないものか？と色々と考えていた末に、今回の歌詞ができたって感じですね。

――これは本作に限りませんが、例えば「悲しい用事」は、悲しい気持ちを少し陽気に歌っていて、「ある日のこと」も、困った複雑な気持ちを愉快な曲調に乗せて歌っている。そういうのは本当に見事だなと。

坂本 そうですか。今回に限らず、ずっとやっていることなんですけど、完全に曲と言葉がピッタリとハマると、意味が飛ぶというか。ストレートに熱いことを言ったり、普段は言わない恥ずかしいことも、完全にハマっちゃうと、言えるっていう。そこで、リズムとメロディと言葉がちょっと離れたりすると、言葉が浮いて聴こえて、生々しくなったりするんですけど。理想は、洋楽を聴いている感覚で耳に入ってきて、あとから歌詞の意味を考えるみたいになればいいかなと思っていますね。

――「君には時間がある」も、歌詞だけ読むと、「言いたいことがあったら今日言った方がいいよ！」という歌詞に読めなくもないんですが、音楽になった瞬間に、メッセージ性みたいなものがある種フワッとなくなるんですよね。韻を踏む感じも気持ち良くて、例えるなら谷川俊太郎が作詞した童謡みたいな（笑）。

坂本 あぁそうですか。ずっと、そういうことを考えて作っているので、段々それが上手くできるようになってきたのかなと思います。それはバンドの時からですね。英語っぽい発音にしたり、何を言ってるのか分からない日本語で歌うんじゃなくて、はっきり聴こえるんだけど言葉として入ってこない。なんだけど、気が付いたら覚えてる。そういうのがカッコいいかなぁと思って。

――あと今回も、タイトルだけで秀逸すぎるものが結構あって。「まだ平気?」というタイトルや、歌詞の中にある〈まだ元気?〉という素朴な投げかけの中にあるシニカルさ。これはどう生まれた歌詞なんですか?

坂本 考えた末に出てきたものって、真面目っぽくなっちゃうので。「こういうことを歌おう」と思って、それに向けて歌詞を書き出していると、辻褄が合いすぎていたり、こじんまりしちゃったりして、真面目になっちゃうので、なるべく何も考えないようにしていて。曲が先行なので、曲を聴きながら口から勝手に何か降りてくる、パーって口から出るのを待つ状態にしています。たまたまパチっと言葉がハマってそれが面白いなと思ったら、「これは何の曲にしようかな」、「何のために何を言おうとしているんだろうな」をそこから考えます。

――その作業をやってくと、図らずも意味が付いてきちゃったりしませんか?

坂本 します、します。なので例えば、最初の歌い出しがパッと思いついたら、そこからイメージが広がるので、今度はそのイメージに沿って考えて形にするんですけど、最初の取っかかりは何も考えないようにしていて。途中やサビとかも、なるべく自分では思ってもいないような言葉がポロッと出るものの方が面白いから、それが出るのを期待して待つ、みたいな感じで作っていっています。だから潜在意識というか普段考えていることがすごく影響していると思うんですが、たまに恥ずかしいことがポロッと出ちゃっても、それがビシッと合っちゃうと、もう歌うしかなくなってくる。そういう時は「これちょっと恥ずかしいからもう少し意味をぼやかそう」とするんじゃなくて、人から与えられた歌詞という感じでそのまま歌います。

――今回で言うとそれでできた曲はどれですか？

坂本 さっきの「君には時間がある」の〈僕には時間がない〉みたいな歌詞も、あんまりそういうことを言いたくないなとは思ったんですけど、ハマっちゃったから。「悲しい用事」の〈笑顔の君と〉も、なんかちょっと恥ずかしいなと思ったんだけど、自然だったから、「もうそういう曲なんだ」と思って歌って。「普段の生活だと言えないけど」って感じで歌詞として残る言葉はたくさんありますね。

――つい自分の本音を歌詞に織り混ぜてしまうところもあると思いますが、それを極力避けて、結果的に音楽とのハマりの良さで残ったものだけ歌う、その境地って理性や抑制がなければ難しいのではと思ってしまいます。

坂本 世の中が今こういう感じだから、センチメンタルな表現が多いなと思うところはあるし、ちょっと弱ってきている感じを「弱っていてもいいよ」みたいな歌もある。だけど自分としては突き抜けた印象のスカッとしたやつをやりたかったんです。とは言え突き抜けるのは無理なので、それとは別の細い道を行った感じです（笑）。

――抜け感のあるロックンロールになっているのは、パーカッションやトロンボーンなどが入った曲もありますが、詰め込みすぎていないところもあるのかなと。だけどシンプルが故の難しさはありませんでしたか？

坂本 やろうと思ってもできないというか、どうすればそうなるかの方法は分からないので、1つひとつ細かくジャッジしていくしかなくて。前のアルバムの時も同じようなことを考えてやっていたんですけど。言葉にすると恥ずかしいですが、ちょっと青春っぽい感じとか、キラキラした感じのあるロックがやりたいなというのがあって。だけど自分の年齢くらいになってそれをやると、若造り的な無理している感じになるなぁっていうのはありつつ、この年齢でフレッシュな感じを出すにはどうしたら良いかなと考えた時に――感覚的なものですけど、ずっと悩み事や心配事はあるんだけど、ある日それがなくなって、「もう何も心配しなくていいんだ」っていう瞬間ってあるじゃないですか。そういう感じの曲を作ればいいんじゃないかと思って、その感覚を目指して、やりました。毎日重苦しいんだけど、めちゃくちゃ天気が良くて、一瞬だけでも気持ちが明るくなるみたいな。その瞬間だけを抽出したような曲ができたらいいなと。

――このアルバム、散歩というか、歩いている時にすごくハマるんですよね……坂本さんは散歩しますか?

坂本 散歩はね、めっちゃしますよ。大体1時間から2時間くらい歩きます。歌詞を考える時、歩きながらが一番集中できるんで。ずっと頭の中で歌いながら歩いて、「なんか出てこないかな」と、よくやってます。

――「ある日のこと」を聴いていると、勝手ながら坂本さんの日常を想像してしまうというか。特に〈お宅の家族はどうよ? って　言われると何も言えない　支度があるのでどうもって　頭を下げて　家に帰る〉あたりとか、フィクションなのにリアリティがすごくあって、共感もしてしまいます。

坂本 分かんないんですけど、アルバムを作っている最後の方でスラスラスラっと歌詞が出てきて。なんか恥ずかしい歌詞だなと思ったんだけど、これも、「出てきたから歌うしかない」っていう感じで。

――一編の優れた随筆みたいな歌詞だなと思いました。

坂本 あぁそうですか。書けたって感じで気に入っているんですけど。

――ところで、坂本さんが最近気に入ったものって何かありますか? 映画でも小説でも。

坂本 最近はまぁ普通ですけど、『コーダ あいのうた』が。あと『ドライブ・マイ・カー』の監督（濱口竜介）の『偶然と想像』というやつとかよかったです。ただ映画を観るのは、時期によりますね。レコーディングの時は宿題が多かったので。「次の時までにここを練習しておかなきゃ」とか「この歌詞がまだできてない」とかあって。

――坂本さんの場合、一般的なサラリーマンなどとは違って、曲を作るのは義務とかタスクではないですよね。それでもやっぱり音楽を作り続けられるのっていうのは？

坂本 やっぱり新しい曲を作りたい、新しい曲を自分で聴きたいっていうだけなんですよね。

――ジャケットのイラストをご自身で手掛けられたりアーティスト写真のディレクションも――いつぞやもご自分で写真館を予約されて撮ったと聞きましたが――ご自分じゃないですか。自家発電の強みってありますよね。

坂本 あぁ。好きでやっているので、全然大変じゃないんですよね。

――好きなことが見つけられて、それを続けられるって、いい人生ですよね。

坂本 （笑）ほんとにそうですねぇ、そう思いますねぇ。

――俳優さんにインタヴューをさせていただくと、理不尽な目に遭われたお話や、制作過程で大変な想いをされたというお話を聞くこともあったりするんですよね。

坂本 まぁそうでしょうね。１人じゃできないですからね。自分の場合は、間にフィルターが何もないですから。作ったものをそのままの形で発表できる。今は、ネットもサブスクもあるので、世界同時で出せるし。

――だからこそ、通常運転できることだけでも有り難いわけですが、どうしたら普通を保てますかね？

坂本 僕は、それで言うと、昔から、なるべくストレスがたまらないように、嫌なことからずっと逃げ回って、ここまできたんで。

――逃げ切れるものですか？

坂本 そうですね、このまま逃げ切ろうと思ってるんですけど（笑）。あと、しがらみたいなものを作らないように、これ以上有名にならないように、逃げ回って今の環境を死守している、という感じです。

『物語のように（Like A Fable）』
発売中〈zelone records〉

※ 8 月 13 日『RISING SUN ROCK FESTIVAL 2022 in EZO』＠北海道〈石狩湾新港樽川ふ頭横野外特設ステージ〉に出演予定。

20th
ANNIVERSARY

冨田ラボ（冨田恵一）

対話　山崎二郎

さまざまなアーティストをフィーチュアし、素晴らしい化学反応を起こした楽曲を送り出してきた、プロデューサー・冨田恵一によるプロジェクト、冨田ラボが活動20周年を迎え、約3年ぶりのオリジナル・アルバム『7+』をリリース。参加アーティストは磯野くん（YONA YONA WEEKENDERS）、AAAMYYY（Tempalay）、kojikoji、坂本真綾、角田隆太（モノンクル）、TENDRE、長岡亮介（ペトロールズ）、長塚健斗（WONK）、naz、bird、BASI、早見沙織、藤巻亮太、藤原さくら、ぷにぷに電機、細野晴臣、堀込高樹（KIRINJI）、堀込泰行、吉田沙良（モノンクル）、Ryohu（KANDYTOWN）。初回盤「20th ANNIVERSARY EDITION」は、参加アーティストとのレコーディング時のドキュメント映像、本作の制作のポイントを自身が解説する

Blu-ray「7+FOOTAGE」と、レコーディング・ダイアリー、バイオグラフィー・インタヴュー、年表が収録のブック「7+DIARY」が付く。

とにかく、自分が音楽的な興味を持ち続けている限りは、それを忠実に反映したものを作りたいという気持ちは揺らがないですね

冨田 僕は元々、70〜80年代のシミュレートを中心に制作していたので、リアルタイムのポップ・ミュージックはそんなに聴いてなかったんだけど、2016年の『SUPERFINE』の制作時から、アメリカのヒットチャート上位の音楽でも楽しんで聴けるようになったんですよね。2015年辺りのシーンってジャズ・ミュージシャンが関わっているヒップホップやR&Bがチャートを賑わせていた時期なんですが、ずっと追ってきた自分が好きなジャズ・ミュージシャンたちが絡んだR&Bやヒップホップを聴いていると、「すごい面白いな!」って素直に思えたんです。その頃、台頭してきた若いシンガーたちの中に良い人がいっぱいいるなと気付いた状況も相まってできたのが『SUPERFINE』です。そこからですかね。割と世代の違う人たちとやるようになったのは。

――実績あるプロデューサーなら、様式追求にいきがちですが、逆に挑戦的なスタンスが明確になりました。

冨田 自分の興味の対象は色々と移ろうし、新しくも出てくるんだけど、積み重なった音楽性、スキルや経験値があって、演奏ということになれば筋肉の記憶もあるので、新しい要素を取り入れたとしても、それとまったく同じにはならない。そうして他にないアプローチが生まれる喜びが大きいですね。もちろん、できた楽曲にフィットする人であれば、フィー

チュアするのはキャリアのある方でも若い人でもいいですけど、とにかく、自分が音楽的な興味を持ち続けている限りは、それを忠実に反映したものを作りたいという気持ちは揺らがないですね。それを最大限に活かすために、「誰に歌ってもらおう」、「誰に歌詞を書いてもらおう」という考え方の順番は変わらないので、そこに正直に従った結果が『SUPERFINE』以降の変化と言えるかと思うし、今回のアルバムに繋がっているという気はしますね。

――当初は「1回きりの企画盤には思われたくない」からスタートされましたが、今では、冨田ラボがプラット・フォームになっていると思うんです。良質なポップ・ミュージックのもとに、さまざまな世代が集うという。

冨田　2枚目のアルバム『Shiplaunching』をリリースしたのが2006年ですけど、当時自分はいろんな世代の中間にいるという意識があって。参加してくれたゲストの方、高橋幸宏さん、大貫妙子さんは自分より上の世代の方でしたが、それ以外の方は僕より下の世代の方でしたから。作詞で参加してくれた高野寛さんがほぼ同年代で。さすがにあれから20年も経ってくると、自分が上の方の世代になってきているので(笑)。「そうか。20年経ってそういうことか」というのを今更ながら感じています。

――今回の『7+』も、上の世代の方は細野さんから、下の世代の方はこれからという新しい世代の方々が多く参加していて、冨田ラボならではの絶妙な世代間バランスが実現しています。

冨田　冨田ラボというのはゲスト・シンガーを迎えて成立するものと、多少なりとも認知されていますから、このメンバーが集まったのは、冨田ラボというフォームを続けてきたご褒美というのはあるかもしれないですね。

――冨田ラボの楽曲を通じて、自分とは違う世代の未知のアーティストに出会えるのが素晴らしいと思うんです。

冨田　ＳＮＳでそういう反応を見ると、役に立っているところもあってよかったなと思います。例えば、昔からの冨田ラボのファンの方で「最近の冨田ラボのフィーチュアリングする人って誰も分かんない」みたいな人でも、冨田ラボのアルバム収録曲が気に入れば、サブスク経由でそのアーティストの楽曲に容易に辿り着けるんですよね。そういう書き込みを見ると、「機能しているな」と思います。最近思うのは、優秀な若いパフォーマー、シンガーが増えましたよね。若いシンガーをフィーチュアするようになってからライヴで歌ってもらう機会も増えて、彼らと同年代のいろんな若いミュージシャンにも出てもらうんですけど、それはもう肌で感じています。細野さんのライヴを拝見したんですけど、あの独特な歌声がライヴではより際立って聴こえたんですよね。その時、「この声にフィットする曲を作りたい」と漠然と思って。

――『7＋』でそれが如実に出ているトラックは、「HOPE for US feat. 磯野くん（YONA YONA WEEKENDERS), AAAMYYY (Tempalay), TENDRE, 吉田沙良（モノンクル）& Ryohu (KANDYTOWN)」ですね。

冨田 この曲は収録曲「MAP for LOVE」とも関係があって、コロナ禍の最初の頃に、あるイヴェントのオーガナイザーをする予定があったんですけど、イヴェントが中止になってしまって。そこに参加するはずだったシンガーをフィーチュアしたのが「MAP for LOVE」なんです。「中止になって空いたスケジュールを活用してレコーディングしよう」と、みんなで集まれないからリモートで録って。だから、「MAP for LOVE」がアルバム収録曲で最初に作った曲なんです。「HOPE for US」は最後に制作した曲で、最初はインストのつもりで始めたのですが、試行錯誤するうちにどんどん歌ものの形になっていって。その頃ロシアのウクライナ侵攻が始まり、ヨーロッパの街並みで戦争が起きている映像を見て、とてもショックを感じました。そこで「MAP for LOVE」を作詞したモノンクルの角田隆太さんに再度依頼をして、「HOPE for US」は、今の状況を反映した曲に仕上がりました。

――てっきり、最初からこのメンバーでアルバムのメイン・テーマ的な曲を歌うというコンセプトだったのかと思っていました。ところで、今回のアルバムで細野さんとセッションされて、どんな気付きがありましたか？

冨田 実は、細野さんはご自身のスタジオで独りで録るスタイルなので、歌録音には立ち会っていないんです。でも、その前にいろいろとお話をしました。やっぱり、細野さんって総合的な音楽家で、たくさんの引き出しをお持ちの、作家性が高い作り手なんですよね。「最近の音像っていうのはどうなんだろう？」みたいなアップ・トゥ・デイトなことにもしっかり目配りされていらっしゃる方で。最初に僕が細野さんと接点を持ったのは、『SUPERFINE』の次のアルバム『M-P-C "Mentality, Physicality, Computer"』（２０１８年）を細野さんがすごく気にいってらっしゃるっていう話を聞いて。すごく嬉しかったですよね。その後、細野さんのライヴを拝見したんですけど、あの独特な歌声がライヴではより際立って聴こえたんですよね。その時、「この声にフィットする曲を作りたい」と漠然と思って。しばらくのブランクを経てお会いできたのが、２０２１年11月、〈日本武道館〉で開催された松本 隆さんの作詞活動50周年記念コンサート『風街オデッセイ２０２１』のバック・ステージでした。その時に決断して。お手紙を書いて、細野さんのアルバム参加が実現したんです。

――最後に、驚かされた「さあ話そう feat. 藤巻亮太（Slowed & Reverbed）」。藤巻亮太さんのヴォーカルをスロウにし、スクリューにした采配はどういう意図だったんですか？

冨田 意図も何も、あの曲は元々がスクリュー用に作った曲なんですよ（笑）。で、普通の音像で歌ったノーマルなシングル・ヴァージョンはサブスクで配信することにして、アルバム用には、当初プランしていたスクリューのアプローチをやってみたら、「すっげぇカッコ良い！」と自分で思いました（笑）。日本だとスクリューって一般化していないから、そのアーティストのファンの方の中には、元々の声をいじられることに抵抗感がある方もいるようなんですけど、この手法で、声の隠された魅力や曲の魅力を広げる可能性も感じていましたから、トライして実現に至りました。

――おっしゃる通り、藤巻さんの新たな声の魅力が引き出されていると感じました。次の21年目に向けて、新しい引き出しが増えているのがすごいなと（笑）。

冨田 音楽に興味が尽きないというのは、自分でも嬉しいですね。

『7+』
発売中
〈ビクターエンタテインメント〉

side walk talk with Movilist vol.2

東京 ──→ 富山

須藤 晃

対話＆撮影　山崎二郎

二拠点、多拠点、移住といった今の状況に即した新しいライフスタイルをおこなっている方を、「Ｍｏｖｉｌｉｓｔ（ムーヴィリスト）」と名付け、実践されている方を訪ねるこの企画。２回目は、歌詞（ことば）にこだわった、比類ないプロデュース・スタイルで、尾崎豊、村下孝蔵、玉置浩二、石崎ひゅーいらを手がけてきた音楽プロデューサーで、作家の須藤晃。２０２０年、コロナ禍もあり、故郷の富山に拠点を移したニュースは、トップ・プロデューサーが東京を離れたということで、音楽業界人を驚かせた。移住後の生活、意識の変化を伺いたく富山に飛んだ。

地元に帰ることで地に足をつけて四季の移ろいを感じる生活を取り戻したいっていうのと、昔のようにもう一度、風を感じるように音楽を感じたかったんですね

——てっきり、東京と富山の二拠点で活動されていると思っていたら、全然違うとのことで。

須藤 東京の家は引き払っていますから、その認識は違いますね。僕は大学入学と同時に18歳で上京して、結局、50年間東京にいたんですよ。もちろん、当たり前のように歳を取ってきて、音楽の仕事を生業としてきたんだけど、

幸いにも成功したんで、いろんな意味で仕事自体は楽になってくるし、やりやすくなっていたんだけど、それと反比例して、ものすごい物足りなさを常に抱えていくんですよね。僕はどっちかって言うと、社会性がなくても、音楽のことだけはこだわりを強く持っている人が好きだったんです。なのに、サラリーマンみたいな人たちが増えてきて、最後の10年ぐらいは物足りなさをいっぱい感じていてね。そんな中、「故郷の富山に帰ろう」と思った直接的なトリガーになったのは、ちょうど2年前、２０２０年の5月に母親が亡くなったことなんです。「（コロナ禍で）もう世の中、変わるな」という直感があって。つまり、僕らは戦争体験が全然ないんだけど、戦争とか戦時中みたいな感じになるだろうなと思って。音楽ビジネスの形も変わるし、音楽制作の形も変わるし、でもこれは1年2年じゃ終わらないと思うし、「多分、もう、元に戻ることは１００％ない」って、みんなに言ったんですよ。日本が戦争に負けて、その後、復興していくために何年もかかったのと同じで、コロナっていう見えないウイルスと闘いながら、いつ終わるとも知れぬ戦いの中で、復興までに5年、10年となると、自分の寿命との競争にもなるなと。ただ、東京にいて、先々、会社にも行かない、人とも会わない生活になるだろうっていうのは確信があったので、母親も他界したし、子供の時に暮らした家がそこにあるんだったら、富山に帰ろうと思いました。そうしたら、すごく自分の中でイメージが広がったんですよ。年明けから雪が降って、雪が溶けて卒業式があって、春には桜が咲いて。その後、田植えの季節があって、夏には町のお祭りがあって海水浴に行ってスイカ割りをして。地元での年中行事とかいろんなことが脳裏にバーッと甦ったんです。そもそも、人間の暮らし、営みってそういうもんだったなと思い至ったというか。東京にいると、「桜が開花しました」とか「デパートの屋上でスイカ割りをやっています」とか、情報として伝わってくることはいくらでもあるんだけど、自分が子供の頃、富山で暮らしていた頃の地に足がついた感覚を取り戻したいなと思ったんですよね。それと、サブスク経由で音楽と出会い直したのも大きかったです。音楽が好きで、学生時代に小遣いを貯めてレコードを買って何回も聴いていた時期があったのに、帰宅して音楽を聴くことはまずないし、テレビで音楽番組がやっていたらチャンネルを変えたりするぐらい、音楽に対してアレルギーがちょっとできていたんだけど、(富山に移住して）今は、朝起きてから1日中、ポップス、洋楽、邦楽と、気の向くままにセレクトした音楽をサブスクで部屋に流していて。だから、地元に帰ることで地に足をつけて四季の移ろいを感じる生活をしたいっていうのと、昔のようにもう一度、風を感じるように音楽を感じたかったんだと思います。富山に移って環境を変えたことで、いろんなことが全部良くなりました。

結局のところ、「やっぱり優れた詞には優れたメロディーが付くし、優れたメロディーには優れた詞が付く。そうすると名作ができる」と思いますね

須藤 音楽制作の話をすると、独力で曲を作るシンガー・ソングライターの時代はもう終わったと思っていて。1人のセンスで作るよりは何人かで共作した方が面白くなるのは当たり前だし、世界中の人たちがそうやって曲を作り始めて、いいなと思っている。やっぱり「自分の作品は自分で作る」と意固地に言っている人は、作品の質ってなかなか上がらない。ただ、非難しているんじゃなくて、僕自身が（アーティストの内面を掘り下げて）その人に歌詞を書かせる、その人に曲を作らせるという、追い詰めるタイプだったので、もう、音楽制作の現場では古い人間だなって思ったんですよね。映画だと、役者さんがいっぱい出ていても、作品は監督のものって感じがするけど、音楽の場合はミュージシャンをいっぱい使ってレコーディングしても、楽曲はプロデューサーやディレクターのものではないんですよね。曲を作った人でもなくて、歌っている人のものなんです。だから、結局、歌の上手い人、

歌の表現力のある人ばかりが残っているんですよ。そうすると、作品の質が低下していく。僕は尾崎豊というアーティストと関わったことが、自分の音楽プロデューサーとしての人生、人間としての人生にも大きく影響しています。あそこまでのごまかしようのない天才と関わってしまうと、「どんなに頑張っても、ウサイン・ボルトには勝てない」みたいな感じがあるんですよ。話は変わるけど、「さよならエレジー」って、石崎ひゅーいが今まで書いた曲の中で一番いい曲だけど、僕は全く手伝っていないのね。あの曲が一番売れたみたいだから、「もう俺がいない方がいいんだよ。お前自身に興味もないから」って、敢えて突き放したの。でも、その後も付き合っている訳だから、俺の言葉の真意は分かっていると思うよ。結局、20年やっても30年やっても、後世に残るのは、石崎ひゅーいって名前じゃなくて作品なんだよっていうね。結局、俺の役割として1つ残っているのは「こんな詞じゃ駄目だよ」ってアーティストに言うことで。作っている人って、常に迷いがあるし自信がないから、「ファンに受けた作品のテイストで作っておけば、そこそこみんな喜ぶから」っていうところに陥っていくんですよ。かと言って、その裏をかいていくと、ファンは離れていっちゃう。その難しさみたいなものは常にあるからね。

――周りはみんなイエスマンで何も言ってくれないというのが、よくあるパターンですよね。

須藤 この前もあるアーティストと話していて、僕が作詞で関わった曲を「あれは曲先ですか？　詞先ですか？」って訊いてきたんですけど、結局のところ「やっぱり優れた詞には優れたメロディーが付くし、優れたメロディーには優れた詞が付く。そうすると名作ができる」と思いますね。

――富山に移られた理由として「四季をちゃんと感じたい」とおっしゃっていましたけど、実際、こちらに来て、それ以外に何か気付いたことってありますか？

須藤 人と人との繋がり、一言で言うなら「人情」を暖かく感じるよね。都会にいても感じることはあったけど、田舎にいると全てがそこに帰結していくというか。例えば、中学生が田舎道を自転車で学校に向かって走っていて、見ず知らずの子が「おはようございます！」って俺に言うわけ。東京じゃあり得ないもんね。近所の集積所にゴミ出しをする際に、挨拶を交わした人から、「自分家の庭で何々の花が咲いたんです」って話をされて、「そうですか。良かったですね」って返したりして。そんな些細なことに人情を感じるっていうかね。東京だと、スーパーマーケットに買い物に行って、野菜売り場に山のように人がいても誰とも話さないでしょう？ それはそれで楽なところもあるんだろうけど、10年、20年と続けていればちょっと殺伐としてくると思うんです。ただ、俺なんかでも富山にいてもそこそこ顔が売れちゃっているから、マスクして帽子に眼鏡をかけているのに、「あ、須藤さん！」とかって言われることが多くて参っちゃうよな（笑）。

――コロナに対する考えって、２つに分かれているじゃないですか。「コロナ以前の状態にはもう戻らない。世界は変わった」と感じている人たちと、「もう少し我慢すれば、以前の状態に戻るよね。戻ってほしいね」って信じている人たちとで。僕は戻らないと思っていますけど、どうお考えですか？

須藤 戻らないでしょう。だから、先ほど僕が「戦後」って言ったのは、戦前の日本みたいには戻らなかったけど、結果としてより良くなったじゃないですか。だから、今回もコロナ禍以前の世界より、より良くしたらいいと思うんですよ。

――「ビフォア・アフター」的な比較で、考えがちですけど。

須藤 音楽ビジネスなんて、以前のようなコンサートの数はできないしね。でも、音楽そのものの真髄には関係ないことじゃないですか。だから、作り手側、聴き手側とか関係なく、ビジネスとして関わっていた人じゃない「音楽好き」な人たちは、より良い環境を求めたらいいと思いますよ。だって自分もＣＤなんか全然買わないんだけど、もう常に新しいものを聴きまくっているからね。

名球会、伝説の名選手たちの肖像

新井貴浩

対話&撮影　山崎二郎　文　吉里颯洋　編集協力　菊地伸明（未来サポート）

投手は200勝または250セーブ、打者は2000安打を記録した名選手が集う名球会。一握りのトップ・プレイヤーのインタヴュー連載。今回は1998年に広島東洋カープに入団、2007年オフ、FAで阪神タイガースに移籍、2015年、広島に復帰。20年の現役生活で、2203安打、319本塁打を記録した新井貴浩選手にご登場いただいた。

上半身に制限をかけた状態で、「パン！」と瞬間的に小さく鋭く軸回転して打つ。ちょうど、回転するコマのように身体を使う、そんな練習をしていました

――プロ入りを意識されたのは、いつぐらいだったんでしょうか？

新井　広島で生まれ育っていますので、「カープの選手に将来なりたい」っていうのはずっと夢だったんですね。現実的には、大学3年生、4年生ぐらいから、「プロに行きたいな」と思い始めました。

――バッティング・フォームの変遷の話になりますが、ある時を境に、入団当時は低かったバットのグリップが上がりますよね。いつ、どのような経緯で、グリップの位置が上がったのでしょうか？

新井　プロ入り後に意識的にグリップを下げて、最初の数年は低い位置から振り上げるスタイルでした。その後、金（金本知憲）さんが阪神タイガースへＦＡ移籍されて、初めて4番を任されたのが２００３（平成15）年だったんですよ。ところが、その年も翌年も満足な成績を残せなくて。そこから、色々と試行錯誤して、グリップが高い位置になった感じですかね。それまではロー・ボール・ヒッター的なところがあったので、「どう高めの甘いボールも逃さず捉えて、長打にするか？」というテーマをクリアしたくてそうなりました。

――やはり、4番で長打を求められるという状況もあってのスタイル・チェンジだったんですね。

新井　もちろん長打が必要なニーズもありましたし、ロー・ボール・ヒッターだと変化の大きい低めの変化球に引っかかるリスクもありますから、「曲がり幅が少ない高めの変化球を逃さず叩くには、ミドルの高さから上のコースをどんどんスイングしていくための構えを作らないと駄目だ」という結論に至った感じです。

――構えからインパクトまでに比べて、インパクト後のフォロースルーはかなり大きくバットを回しているイメージがあります。特にセンターから右方向に打つ時に、フォロースルーの後に振り切ったバットを戻すような動作をされますよね。あの動作は、自然とそうなった感じですか？

新井 よく言われましたけど、やっぱり、自然にそうなったのが事実なんですよね。（身体が開かないために）左サイドの壁を意識して作っていたので、反動で跳ね返ってきたバットを1塁側に投げていたんです。

――新井選手ならではのインサイドのボールをさばくバッティングのコツというか、理論を伺いたくて。素人考えで恐縮ですけど、インサイド打ちの肘の畳み方、抜き方って、相当難易度が高いように思うんですが……。

新井 本格的にインサイド打ちに取り組んだのはプロに入ってからですけど、一度覚えてしまえば結構できましたね。基本的に来たボールにしっかりと反応できて身体の軸がスパンって回ってくれればインサイドには対応できますし、もともと、自分の中に「長打を打ちたい」という気持ちがあったせいもあって、インサイドが好きだったのかもしれないですね。自分の身体に近いボールっていうのは、長打にしやすいですから。（インパクトは）とにかく一瞬のことなんで、インサイド打ちで大切なのは、「どうしたらうまく、身体の近くに来たボールに反応できるか？」っていうところに尽きると思うんですよね。

――集中してインコース克服に取り組まれた際、具体的にどんな練習をされたんでしょうか？

新井 若い頃、インコース打ちをマスターするためによくやっていたのは、試合前の特打の際、身体と左腕の上腕部をゴムチューブでぐるぐる巻きにしてバットが身体から離れないような状態で、下半身だけで軸回転しつつ、打つ練習でした。上半身に制限をかけた状態で、「パン！」と瞬間的に小さく鋭く軸回転して打つ。ちょうど、回転するコマのように身体を使う、そんな練習をしていました。この練習を始めてから、バットが身体に巻きつくようになりましたし、インサイド打ちがすごく得意になりました。

リハビリ以外のトレーニングは全くできない状況下でのヒットでしたから、「やればできるんだ！」と思えて、すごい経験をさせてもらいました

――「プロでやれるな、やっていけるな」という感触を得たのは、実際、プロ入り何年目ぐらいでしたか？

新井 自分なりに自信ができたのは、ホームラン王のタイトルを取った２００５（平成17）年ですね。その年、「こうしておけば最低限は大丈夫」と自分なりの打撃理論の幹ができたので、やっと自信が持てたというか。

――飛躍的にホームラン数が増えたのには、どういった要因があったんですか？

新井 まず構えが変わって、グリップが上になりましたよね。それまでは下だったんですけど、グリップの位置を上げて、背筋を伸ばして真っ直ぐ立つようにしました。さらに「始動を早く、間をしっかりと作りつつ、鋭い軸回転で打つ」イメージを打ち出したんです。それまでは、どちらかと言うと、上半身のパワーで振り上げるような感じのスイングでしたけど、２００５年ぐらいから、しっかりと軸で回転して打つスタイルを意識し出して結果に繋がりました。

――明解な理論に基づいたフォーム・チェンジだったんですね。現役時代の一番大きい怪我についてお聞かせください。

新井 腰の骨折ですね。ちょうど２００８（平成20）年の『北京オリンピック』の時、阪神タイガースに移

籍して1年目、僕は3番で金さんが4番を打っていて、チームも開幕からすごく絶好調だったんですよ。腰を痛めたのは、ちょうどその頃、〈甲子園球場〉でのホーム・ゲームの試合前のトレーニング中の出来事でした。下半身のトレーニング中にちょっと過度な負荷をかけてしまって、腰椎を亀裂骨折してしまったんです。骨折当時は納得できる診断結果は分からずじまいで、注射を打ちながら、北京に行って帰ってきました。帰国してからの検査でやっと詳細が分かりましたが、亀裂骨折したのは左の腰椎の五番で、当時は左足を着くだけで電気がビリッと走るような状態で。担当の医師の方から「もう、くっつかなければ野球はできないよ」とは言われましたし、ヒビが腰椎の下まで届いていたら、野球生命がもう終わりという状況でした。

――その状態ですと、鋭い軸回転で打つバッティングができなくなりますよね。

新井 できないです。ですから、あの時が一番大きな怪我ですかね。

――その状態でオリンピックは、どのようにして乗り切った感じだったんですか？

新井 プレイ中も痛みは感じているんですけど、やっぱり、アドレナリンってすごいなと思いますよね。普通だと腰椎を骨折したままゲームに出るのはちょっと考えられないのに、オリンピックという舞台のせいなのか、「やればできるな」っていうのはある意味感じました。当時、星野仙一さんが侍ジャパンの監督で、「期待してる、頼むぞ！」ってずっと言ってもらっていましたから、「期待を裏切るわけにはいかない。何とかできる限りやらないといけない」と思っていましたし、もうこれで野球ができなくなったらしょうがないなっていう覚悟を持って北京には行きました。

――骨折が完治したのはいつだったんですか？

新井 翌年の2009（平成21）年には違和感はありつつ、何とかプレイできる状態には持ち直しました。骨折した2008年当時のことを思い返すと、最終的にはまさかの逆転負けで残念な結果に終わりましたけど、チームは読売ジャイアンツと優勝争いをしていて。僕はオリンピックから帰国後、ファームの施設がある鳴尾浜でずっとリハビリをしていました。確か、夏場過ぎた9月ぐらいのジャイアンツとのゲーム差がなくなってきた時期に、監督の岡田彰布さんから連絡があって、「いけるか？」って聞かれて、「いけます！」と答えた時には、「監督から頼りにしてもらっている。やらないといけない」みたいな感じで意気に感じて、全身の血がたぎりました。

――昇格して最初の打席、代打で登場した場面では、〈甲子園球場〉を埋め尽くした超満員の大観衆から熱烈な新井コールが起きました。

新井 あれは感動しましたね。身体中のアドレナリンも、まさに全開でした。僕の出番の前に、桧山（進次郎）さんが最初に代打で起用されて、僕がダグアウトを出てネクストバッターズ・サークルに立った時に、球場全体が地響きみたいな大歓声に包まれて。あの瞬間には僕もすっごい鳥肌が立って。結局、満塁でライト前にタイムリー・ヒットを打ったんですよ。リハビリ以外のトレーニングは全くできない状況下でのヒットでしたから、「やればできるんだ！」と思えて、すごい経験をさせてもらいました。

「すべてはカープのために」という気持ちが優先順位の一番だったので、自分の気持ちや技術の衰えではなく、チームのために引退を決めましたね

――日本になかなかないパターンですけど、FAで移籍した選手が元の球団にカムバックするという経験をされました。阪神在籍時の最終年、2014（平成26）年は出場機会も減って、ゲームに出たり出なかったりという状況でした。そこでキャリアを終えるという選択肢はなかったですか？

新井 それはなかったですね。まだ自分の中でできると思えましたし、身体も元気でしたから、もう1回挑戦したいと思っていました。タイガースからは代打としての選手契約のオファーもいただいていたんですけど、「スタメンで試合により多く出られるように挑戦したい！」という気持ちがあったんで、勝負を賭けましたよね。結局、タイガースに「自由契約になります」ってお願いしたんですけど、もし他の11球団からのオファーがなかったら、「現役を辞めよう」と思っていたんですよ。

――そこまで潔く、覚悟を決めての自由契約だったとは！

新井 タイガースで7年やってまたカープに戻るっていうことも思いもよらないことですし、カープ復帰後に初めて優勝を経験して、そこから3連覇できるとは夢にも思わなかったです。でも自分の場合、野球人生の節目節目で恵まれていましたよね。思えば、いろんな方との出会いに恵まれ、支えられての現役生活20年間でした。一番先にカープから「帰ってこい」って言っていただけて感動しましたし、そこでまた、やっぱり自分の気持ちに火がついて。FAで1回チームを出たのに帰ってこいと言ってくれたカープのために、「とにかく恩返ししないといけない。全身全霊を賭けて、自分にできることはすべてやろう。残りの野球人

生をカープに捧げよう」という気持ちになりました。

――カープ復帰後の新井選手の活躍を見るにつけ、トップ・プレイヤーでありながら、後方からチームメイトをバックアップするような、「チームのためなら何でもやるよ」という姿勢、スタンスを感じました。

新井 はい。やっぱり当時は、田中広輔とか菊池涼介とか、丸 佳浩、鈴木誠也といった主力がみんな若手だったんで、自分がしっかりとした言動で規範を示さないといけない責任感がすごくあったんです。自分の役割として、「プレイだけじゃなく、グラウンド外での野球への真摯な取り組み方をしっかり示していかないといけない。もし中途半端な言動をすれば、若い選手たちに悪影響になる」というのはすごく思いました。

――結果として、その姿勢がプレイでもチームを牽引する形になりましたよね。おそらく新井選手のベスト・シーズンにあたる2016（平成28）年には、カープの25年ぶりの優勝に貢献され、最高の成績を収められました。これは何かしらの技術的な進歩や覚醒した部分があったのでしょうか？

新井 技術の変化は特になかったです。ただやっぱり、色々と配球を読み出しましたね。もちろんデータから分かる傾向とかもそうですし、「このキャッチャーなら、配球はこうかな？」とか考えて、時には待ち球を決めながらバッテリー心理を読んだりしていました。それまではもう基本的に真っ直ぐ系から優先して、うまく反応できれば変化球も拾っていくスタイルだったんですけど、カープに復帰してからは、状況によって球種やコースで待ち球を絞ることもやり始めました。例えば、わざとインサイドのボールを大きく引っ張って、違う球を投げさせるようにしたりだとか、そんな駆け引きをするようになりましたね。

――カープ復帰後の新井選手から衰えは感じませんでした。引退を決断した決め手は何だったんでしょうか？

新井 正直、自分でも「衰えたな」とは感じていなかったです。プレイする上での身体的、感覚的な衰えは全く感じませんでしたけど、でもやっぱりカープの今後のことを考えた時に、「そろそろ、（現役を退いても）いいのかな？」という風に、自分基準じゃなく、チーム事情を優先して考えた末に答えが出たというか。やっぱり自分がもう1年現役をやることによって、レギュラー・ポジションが1つ埋まってしまう。そう考えた時に、これからのカープのことを考えて、「若手がたくさん出てきているから、もう自分はここで第一線から退こう」と思いましてね。だって、僕が退いたら、そこにレギュラーの枠が1つ空くわけですから。空いたポジションを巡って若手が争えば、チーム力が上がるじゃないですか。「すべてはカープのために」という気持ちが優先順位の一番だったので、自身の気力や技術の衰えではなく、チームのために引退を決めましたね。

新井貴浩（あらいたかひろ）／広島県出身。1977（昭和52）年1月30日生まれ。1998（平成10）年、ドラフト6位で駒澤大学から広島東洋カープに入団。現役生活20年で、2203安打、打率.278、319本塁打、1303打点を記録。チーム内外から愛された穏和な人柄と、絵になるフォロースルーとバット投げに象徴される豪快無比なスイングでファンを魅了した。4年目の2002（平成14）年、全140試合に出場し、2005（平成17）年は43本塁打で本塁打王に輝く。2007（平成19）年オフ、FA権を行使して阪神タイガースに移籍。2011（平成23）年には打点王を獲得。2014（平成26）年オフに自ら申し出る形で自由契約となり、翌2015（平成27）年、メジャーリーグからのカムバックとなる黒田博樹投手と時を同じくして、古巣・カープに復帰。2016（平成28）年には四番打者として25年ぶりのリーグ優勝に貢献し、史上初めて、2000安打・打率.300・本塁打王・リーグ優勝・リーグMVPを同1シーズンに達成する快挙を成し遂げた。2017（平成29）年は主に代打として、球団史上初のリーグ3連覇に貢献。2018（平成30）年、現役引退。

Carp

ムーヴィリストという
ライフスタイル

画　早乙女道春　文　山崎二郎

5月26日　木曜日　東京

目的地の観光地を回るだけでなく、飛行機やクルマ、電車、バスなどの移動時間も含めてが旅。むしろ、流れゆく景色を見やりながら、思考を巡らせ、とびっきりのアイデアが浮かぶ移動時間こそ、何より掛け替えのないこと。移動をメインにした旅のスタイルを、Move移動する人で「Movilist（ムーヴィリスト）」と名付け提唱してきた。が、コロナ禍で移動がままならなくなり、以前から少しずつ増えていた移住、二拠点、多拠点生活が、テレワーク推奨も相まって一挙に増えた。都市でのライフスタイル自体を見直し、地方でマイペースに暮らすことも新しい価値観として確立しつつある。ならば、移住、二拠点、多拠点生活者もムーヴィリストとして位置付けてみたい。そもそも、自分自身が、コロナ禍以前から、漠然と考えていたことであるから。

昨日、東京都は、10年ぶりに見直した、首都直下地震被害想定を発表した。昨年には、富士山噴火に関する「富士山ハザードマップ」を17年ぶりに改定した。現実的に東京以外の拠点についてアクションしないといけない状況。が、どこにいたとしても、なくてはならないのは電気だ。ガソリン価格高騰、補助金で電気自動車は安価になり、都市ガスでなくプロパンガスの代わりにオール電化と、ますます電気への依存は高まっていくことだろう。インターネットで何処にいても仕事はできるが電気がなければ無理だ。でも、OK。ソーラー・パネルの設置だ。国、県、場所によっては市も補助金を交付している。ゆえに、これからのムーヴィリストのライフスタイルの大事なポイントは自給自足。サヴァイヴするための電気、水、食べ物を確保できるように。が、これは都市に生活していても同じこと。漠然とした不安を感じながら、なんとなく、後回しにしていることに向き合い、準備すること。キーワードはサヴァイヴ。「自分たちの地域は大丈夫だろう」という根拠のない思考停止状態から、まずは逸脱しよう。自戒を込めて、此処に記す。

STEPPIN' OUT!
JUNE 2020
VOL.13 600円（税抜）
COVER STORY /
岡田准一
ASKA、石橋蓮司、伊東輝悦、田中 泯、玉木 宏、常盤貴子
STEPPIN' OUT! presents Movilist
ムーヴィリスト、初春の松江、出雲を往く

STEPPIN' OUT!
OCTOBER 2020
VOL.14 600円（税抜）
COVER STORY /
妻夫木 聡
岡本健一、緒川たまき、窪塚洋介、小泉今日子、豊原功補、仲間由紀恵、行定 勲
STEPPIN' OUT! presents Movilist
鈴木理策、佐久間由衣、ムーヴィリスト、那須高原を往く

STEPPIN' OUT!
DECEMBER 2020
VOL.15 600円（税抜）
COVER STORY /
堤 真一
黒沢 清×蒼井 優、升 毅、豊原功補、小泉今日子、中村獅童、井浦 新
STEPPIN' OUT! presents Movilist
佐久間由衣、星野佳路（星野リゾート代表）、ムーヴィリスト、金沢を往く

STEPPIN' OUT!
FEBRUARY 2021
VOL.16 600円（税抜）
COVER STORY /
東山紀之
木﨑賢治、横山 剣（クレイジーケンバンド）、鈴木保奈美、トータス松本、吉田 羊
STEPPIN' OUT! presents Movilist
ムーヴィリスト、11月の軽井沢を往く

STEPPIN' OUT!
APRIL 2021
VOL.17 600円（税抜）
COVER STORY /
役所広司
宇崎竜童、草刈正雄、坂本昌行、西川美和、菅野美穂、峯田和伸、広末涼子
STEPPIN' OUT! presents Movilist
ムーヴィリスト、冬の沖縄、小浜島を往く

STEPPIN' OUT!
JUNE 2021
VOL.18 600円（税抜）
COVER STORY /
江口洋介
きたろう、竹中直人×山田孝之×齊藤 工、田口トモロヲ×松重 豊×光石 研×遠藤憲一、竹野内 豊
STEPPIN' OUT! presents Movilist
ムーヴィリスト、冬の京都を往く

STEPPIN' OUT!
AUGUST 2021
VOL.19 600円（税抜）
COVER STORY /
柚希礼音
茂木欣一、西田尚美×市川実和子、高岡早紀、秋山竜次（ロバート）、HIRO KIMURA

STEPPIN' OUT!
OCTOBER 2021
VOL.20 600円（税抜）
COVER STORY /
オダギリ ジョー
沢口靖子、仲村トオル、永瀬正敏、武田真治、吉瀬美智子、ムロツヨシ

STEPPIN' OUT!
DECEMBER 2021
VOL.21 600円（税抜）
COVER STORY /
西島秀俊×内野聖陽
草笛光子、岩城滉一、杉本哲太、津田寛治、渡部篤郎、大倉孝二

STEPPIN' OUT!
FEBRURARY 2022
VOL.22 600円（税抜）
COVER STORY /
米倉涼子
高橋一生、杉本哲太、大沢伸一（Mondo Grosso）、大塚寧々、安田 顕、柚希礼音、大谷亮平

STEPPIN' OUT!
APRIL 2022
VOL.23 600円（税抜）
COVER STORY /
三宅 健
市川実日子、鹿賀丈史、スガ シカオ、沖野修也（Kyoto Jazz Massive）、佐々木蔵之介、小澤征悦、新羅慎二（若旦那）、山本耕史、青木崇高

STEPPIN' OUT!
JUNE 2022
VOL.24 600円（税抜）
COVER STORY /
玉木 宏
野宮真貴、レオス・カラックス、小林聡美、原田知世、UA、玉山鉄二、江口のりこ、向井 理
ムーヴィリスト、初春の瀬戸田、盛岡、大阪を往く
side walk talk with Movilist
大阪⇄沖縄　信藤三雄